CD付き

プロが教える 朗読 上達トレーニング

心に届く 表現力向上メソッド

一般社団法人　日本朗読検定協会認定教室
プチプラージュ主宰　葉月のりこ 著

STEP UP!
メイツ出版の コツ がわかる本

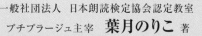

はじめに　～本書の使い方～

ご縁あって、本書を手にとってくださった皆さまにまずは心より感謝申し上げます。この場をお借りして、皆さまの朗読力が少しでもレベルアップしていきますように、本書の使い方のポイントを説明させていただきます。

本書の掲載作品は、まずは「黙読」してから「音読」してください。「黙読→音読」の流れが大切です。その際、あくまでも本書に掲載された文章は作品の一部（抜粋）ですので、できればその作品全体を黙読していただけると良いです。ただし、そこまでできない場合は、その作品の全体のあらすじだけでもおさえておいていただきたいです。そうすれば、本書に掲載された作品の一部が全体のどの場面か、時代背景や登場人物の関係などを理解しやすくなります。

次に、朗読する上でどのように表現するか、表現方法を決めることが大切です。さまざまなことを考え、どうしても迷う場合は2通り、3通りの表現方法を考えてみましょう。幾つかの作品に朗読記号を付けましたが、これは一つの例だと思って下さい。そして、何度か練習し、そのために録音することをおすすめします。

録音してご自身で聴く際は、
①区切りや間は適切か？（聴き手にわかりやすいかがポイント）
②重要な言葉は大切に読んでいるか？
③登場人物の気持ちが伝わるようにセリフを言っているか？
④3分以上の作品なら、緩急や小さなクライマックスを入れているか？
（短い抜粋の場合、緩急やクライマックスを入れるのは難しい）
といったことをチェックしてみてください。

なお、本書付属のCDを聴く際に心していただきたい点として、言うまでもなく「朗読」は芸術ですので、これといった正解はありません。もちろん、作品や読み方の好みもあります。したがって、気に入ったところを取り入れていただければ、こんなに嬉しいことはありません。

自身の録音を聴くことはとても大切です。ただし、自分の朗読ばかり聴いていても、どこが良いのか、どこを直せば良いのかがわかりません。多くの朗読を聴き「聴く耳」を養ってください。ぜひ、ご自分の個性を大切にし、表現することを楽しんでいただければと思います。そしてときには、表現方法などは気にせず、自由にのびのび声を出す気持ち良さを味わってください。朗読は一生の友になるに違いありません。

Lesson 1

トレーニングの前にウォーミングアップをしましょう

このレッスンの目的

トレーニングの前に、オノマトペや名言を朗読して、その言葉のリズムや意味を楽しみながらウォーミングアップをしましょう。

ウォーミングアップのポイント

1 作品の解釈は気にしない
2 好きなようにリラックスして読む
3 言葉のリズムを楽しみながら読む

No.1

【宮沢賢治のオノマトペ】で言葉のリズムを楽しもう！

オノマトペを抜き出して読んでみると、とても楽しい気分になることに気づきました。心も体も喜ぶような感覚を覚えます。赤ちゃんがリズムに反応するのと同じなのではないかと思います。ぜひ、やってみてくださいね！

電信柱《でんしんばしら》どもはブンブンゴンゴンと鳴り、風はひゅうひゅうとやりました。

『シグナルとシグナレス』

ガタンコガタンコ、シュウフッフッ

『シグナルとシグナレス』

雨はざあざあ、ざっこざっこ、風はしゅうしゅう、しゅっこしゅっこ。

『さいかち淵』

さあ、もうみんな、嵐《あらし》のように林の中をなきぬけて、グララアガア、グララアガア、野原の方へとんで行く。

『オツベルと象』

霧《きり》がポシャポシャポシャポシャ降《ふ》ってきました。

『虹の絵具皿』

雨があられに変《か》わってパラパラパラパラパラパラやってきたのです。

『虹の絵具皿』

赤いしゃっぽのカンカラカンのカアン。

『かしわばやしの夜』

外では谷川がごうごうと流れ鳥がツンツン鳴きました。

『ひかりの素足』

にはかに空のほうでヒィウと鳴って風が来ました。

『ひかりの素足』

向《む》こうからぷるぷるぷるぷるぷる一ぴきの蟻《あり》の兵隊《へいたい》が走って来ます。

『ありときのこ』

なんでも構はないから、早くタンタアーンと、やつて見たいもんだなあ。

『注文の多い料理店』

すると、男はまたよろこんで、まるで、顔じゅう口のようにして、にたにたにたにた笑って叫びました。

『どんぐりと山猫』

No.2

【夏目漱石の名言】で朗読気分をアップしよう！

あらゆる芸術の士は人の世を長閑《のどか》にし、人の心を豊かにするが故《ゆえ》に尊《たつ》とい。

『草枕』

真面目になれるほど、自信力の出る事はない。・・・・真面目とはね、君、真剣勝負の意味だよ。

『虞美人草』

愛嬌と云うのはね、――自分より強いものを斃《たお》す柔《やわら》かい武器だよ

『虞美人草』

道は近きにあり、かえってこれを遠きに求むという言葉があるが実際です。つい鼻の先にあるのですけれども、どうしても気がつきません。

『門』

ただ愛するのよ、そうして愛させるのよ。そうさえすれば幸福になる見込はいくらでもあるのよ

『明暗』

然《しか》し無暗《むやみ》にあせってはいけません。ただ牛のように図々しく進んで行くのが大事です。

『久米正雄・芥川龍之介への手紙』

人間は角があると世の中を転がって行くのが骨が折れて損だよ。

『吾輩は猫である』

「朗読でも癪《しゃく》を起さなくっちゃ、いけないんですか」・・「ええとにかく表情が大事ですから」

『吾輩は猫である』

Lesson 2

音の上げ下げ（イントネーション）をトレーニングしましょう

このレッスンの目的

文章の初めは高い音から出て、読むにつれ低くなっていくのが普通です。この高低差が少ないと、メリハリのない朗読になります。ただ高ければ良いというものでもありません。「出だし」をいつも同じ高さから始めると単調な朗読に聞こえてしまいます。場面が変わった時は出だしを高く上げ直したり、状況が悪くなった時、気分が落ちた時などは出だしを低くしたりと、工夫が必要です。語尾も上げるか下げるかでニュアンスが違ってきます。語尾をしっかり下げると説得力が増します。詩も出だしの音で変化をつけると良いです。このレッスンでは、メリハリをつけるトレーニングをしましょう。

トレーニングのポイント

1 文章は基本的に、上から落ちる様に読む
2 基本的には高低差をつけてメリハリを出すが、あえて高低差をつけずに印象的に読むこともある
3 出だしの高さを工夫する

1 文章は基本的に、上から落ちる様に読む

ふぐのうまさというものは実に断然たるものだ、と私は言い切る。

《北大路魯山人「河豚のこと〜河豚のうまさ」》

むかしむかし、まだ森の中には小さな、可愛い森の精達が大勢いました頃のこと、ある国に一人の王子がいられました。王様の一人子《ひとりご》でありましたから、大事に育てられていました。王子はごくやさしい、心の美しい方でした。

《豊島与志雄『お月様の唄』》

僕の十四の時であった。僕の村に大沢先生という老人が住んでいたと仮定したまえ。イヤサ事実だが試みにそう仮定せよということサ。この老人の頑固さ加減は立派な漢学者でありながらたれ一人相手にする者がないのでわかる。

《国木田独歩『初恋』》

2 基本的には高低差をつけてメリハリを出すが、あえて高低差をつけずに印象的に読むこともある

そうして、子供の頃の自分にとって、最も苦痛な時刻は、実に、自分の家の食事の時間でした。

《太宰治『人間失格』》

宗助はまた考え始めた。すると、すぐ色のあるもの、形のあるものが頭の中を通り出した。ぞろぞろと群がる蟻《あり》のごとくに動いて行く、あとからまたぞろぞろと群がる蟻《あり》のごとくに現われた。じっとしているのはただ宗助の身体《からだ》だけであった。心は切ないほど、苦しいほど、堪えがたいほど動いた。

《夏目漱石『門』》

高低差をつけないで読む人は少ないかもしれませんね。「こんな風に読むとどうなるんだろう」と表現幅を広げるために試してみました。私は、登場人物が何かに追い詰められて苦しい時に、重みをもたせるために時折用います。

3 出だしの高さを工夫する

兵十が、赤い井戸のところで、麦をといでいました。
兵十は今まで、おっ母と二人《ふたり》きりで、貧しいくらしをしていたもので、おっ母が死んでしまっては、もう一人ぼっちでした。

《新美南吉『ごん狐』》

「兵十」が文章の初めに2度続けて出てきます。最初は高くシッカリと、次は中ぐらいの高さで柔らかく読むなど、工夫してみてください。

私は子供のときには、質《たち》のいい方ではなかった。女中をいじめた。私は、のろくさいことは嫌《きら》いで、それゆえ、のろくさい女中を殊《こと》にもいじめた。お慶は、のろくさい女中である。

《太宰治『黄金風景』》

1番目、2番目（主語は省いてある）、3番目の文章は、「私」が主語。出だしの高さが同じにならないように工夫しましょう。「お慶は」で音を上げると「お慶」という言葉が印象的になります。

No.3

ハンス・クリスチャン・アンデルセン（矢崎源九郎）

「人形つかい」

いかにも楽しそうな顔つきをした、かなりの年の人が、汽船に乗っていました。

もし、ほんとうにその顔つきどおりとすれば、この人は、この世の中で、いちばんしあわせな人にちがいありません。

じっさい、この人は、自分で、そう言っていましたよ。

わたしは、それを、この人自身の口から、ちょくせつ聞いたのです。

この人は、デンマーク人でした。

つまり、わたしと同じ国の人で、旅まわりの芝居の監督だったのです。

2、3、4番目の文章の出だしは中程度にし、「この人は・・・」で音を上げ、「デンマーク人」が印象に残るように読んでみました。

No.4

室生犀星

「昨日いらつしつて下さい」

解釈により読み方がかなり違ってくる作品です。他人に言っているのか、自分に言っているのか、さまざまな解釈が考えられます。私は自分自身に向け、「受け入れる・突き放す・励ます」という3つの感情を意識して読んでみました。「どうどう廻りなさいませ。」の語尾を少し上げて柔らかい感じにしています。下げると命令口調で強くなります。

きのふ　いらつしつてください。
きのふの今ごろいらつしつてください。
そして昨日の顔にお逢ひください、
わたくしは何時も昨日の中にゐますから。
きのふのいまごろなら、
あなたは何でもお出来になつた筈です。
けれども行停りになつたけふも
あすもあさつても
あなたにはもう何も用意してはございません。

どうぞ　きのふに逆戻りしてください。
きのふいらつしつてください。
昨日へのみちはご存じの筈です、
昨日の中でどうどう廻りなさいませ。
その突き当りに立つてゐらつしやい。
突き当りが開くまで立つてゐてください。
威張れるものなら威張つて立つてください。

「山の歓喜」

河井酔茗

あらゆる山が歓《よろこ》んでゐる
あらゆる山が語つてゐる
あらゆる山が足ぶみして舞ふ、躍る
あちらむく山と
こちらむく山と
合つたり
離れたり
出てくる山と
かくれる山と
低くなり
高くなり

家族のやうに親しい山と
他人のやうに疎《うと》い山と
遠くなり
近くなり
あらゆる山が
山の日に歓喜し
山の愛にうなづき
今や
生のかがやきは
空いつぱいにひろがつてゐる

この詩は空を見上げながらのびのびと読んでみたいですね。

河井酔茗　「春の詩集」

これも同じく河井酔茗の詩ですが、親しい友や自分自身に対して言ってあげたい言葉です。誰しも若い時の苦い思い出があるはずです。間を調整し、声を張り上げずに、そっと語りかけるように、私は読みたいと思います。しみじみと思い出が蘇ってくることでしょう。

なたの懐中《くわいちう》にある小さな詩集を見せてくださ
い
かくさないで――。
それ一冊《さつ》きりしかない若い時の詩集。

隠《かく》してゐるのは、あなたばかりではないが
をりをりは出して見せた方《はう》がよい。
さういふ詩集は
誰《だれ》しも持つてゐます。

をさないでせう、まづいでせう、感傷的《かんしやうてき》でせう
無分別《むふんべつ》で、あさはかで、つきつめてゐるでせう。

けれども歌《うた》はないでゐられない
淋《さび》しい自分が、なつかしく、かなしく、
人恋しく、うたも、涙も、一しよに湧《わ》きで出
た頃の詩集。

さういふ詩集は
誰しも持つてゐます。

たとへ人に見せないまでも
大切にしまつておいて
春が来るごと毎に
春の心になるやうに
自分の苦《くる》しさを思ひ出してみることです。

詩集には
過ぎて行く春のなや悩みが書いてあるでせう。
ふところ深《ふか》く秘《ひ》めて置いて
そつと見る詩集でせう。

併し
季節《きせつ》はまた春になりました。
あなたの古い詩集を見せて下さい。

河井酔茗「ゆづり葉」

楪（ユズリハ）は葉柄の赤い新しい葉が生えたあとに古い葉が落ちることから「譲り葉」とも言われ、親が子に代を譲ることに見立て祝木として新年の飾りに使われます。私は、自分の子供に対してというより、「命のあるもの全て」に向けて神様のような視点で読んでみたいと思います。

全体をゆっくり読んだほうが良いと思いますが、それでは間延びしてしまうかもしれません。たとえば「そつくりお前たちが譲り受けるのです。」（波線部分）とゆっくり諭すように読んだ場合は、「読みきれないほどの書物もみんなお前たちの手に受取るのです。」は傍にいる子供に言っているように優しく語りかける等の工夫をとり入れると良いでしょう。

子供たちよ。
これは譲《ゆづ》り葉《は》の木です。
この譲《ゆづ》り葉《は》は
新《あたら》しい葉が出来ると
入《い》れ代《かは》つてふるい葉が落ちてしまふのです。

こんなに厚《あつ》い葉
こんなに大きい葉でも
新しい葉が出来ると無造作《むざうさ》に落ちる
新しい葉にいのちを譲《ゆづ》つて――。

子供たちよ。
お前たちは何を欲《ほ》しがらないでも
凡てのものがお前たちに譲《ゆづ》られるのです。
太陽の廻《めぐ》るかぎり
譲られるものは絶《た》えません。

輝《かゞや》ける大都会《だいとくわい》も
そつくりお前たちが譲《ゆづ》り受けるのです。
読みきれないほどの書物《しよもつ》も
みんなお前たちの手に受取《うけと》るのです。
幸福なる子供たちよ
お前たちの手はまだ小《ちひ》さいけれど――。
世のお父さん、お母さんたちは
何一つ持つてゆかない。
みんなお前たちに譲《ゆづ》つてゆくために
いのちあるもの、よいもの、美しいものを
一生懸命に造《つく》つてゐます。

今、お前たちは気が附《つ》かないけれど
ひとりでにいのちは延《の》びる。
鳥のやうにうたひ、花のやうに笑つてゐる間
に気が附《つ》いてきます。

そしたら子供たちよ
もう一度《ど》譲《ゆづ》り葉《は》の木の下《した》に立つて
譲り葉を見る時が来《く》るでせう。

Lesson 3
緩急・間のトレーニングをしましょう

このレッスンの目的

聴き手に状況をわかりやすく伝えるため、「ゆっくりな動作はゆっくりと」「速い動作は速く」読むことが多いですが、いつもそうであるとは限りません。一番大切なことは全体のバランスです。速い動作が続くからといって、ずっと速く読んでは聴き手が内容を理解しにくくなります。

「区切り・間」については、文章の意味が伝わりやすいよう、または場面の状況が伝わりやすいよう、どこで切って読むか、どの程度間を取るか、考えてみましょう。句読点通りに読む必要はありません。大きな間には「○」、区切りは「／」、ほんの少しの区切りには「く」など、次ページの記号付けをするとわかりやすくなります。

時間の経過も「間」を工夫してみましょう。たとえば「一年」経った時と、「慌てて答えた」時では「間」は違うはずです。

トレーニングのポイント

1. 聴き手を惹きつけるために「緩急」をつける
2. 内容を理解してもらうために「間」を工夫する
3. 時間の経過や場面が変わったことを「間」で表現する

朗読記号を書き込む

区切り①：一拍程度の間を空けて読む

○○○○／○○○○。

区切り②：読点の個所と同様に短く間を空けて読む

○○○○＜○○○○。

大きな間：大きく間をとって、印象に残るように読む

○○○○◯○○○○。

続けて読む：句読点を無視して続けて読む

○○○○、○○○○。

強調：単語や文節を、その前後よりも強調して読む

○○○○○○○○○○○○○。

さらりと読む：前後の文よりもさらりと流して読む

○○○○○○○○○○○○。

囲み：言葉のまとまりを意識して読む

○○○○○○○○○○○○。

心の中の言葉：セリフ以外で登場人物の心情の部分を感情を表現して読む

○○○○、（○○○○○○○○○○）○○○○。

出だしを高く：出だしを高い声で読む

▲○○○○、○○○○。

出だしを低く：出だしを低い声で読む

▼○○○○、○○○○。

1 聴き手を惹きつけるために「緩急」をつける

ごんはそのすきまに、かごの中から、五、六ぴきのいわしをつかみ出して、もと来た方へかけだしました。そして、兵十の家の裏口から、家の中へいわしを投げこんで、穴へ向《むか》ってかけもどりました。途中の坂の上でふりかえって見ますと、兵十がまだ、井戸のところで麦をといでいるのが小さく見えました。

ごんは、うなぎのつぐないに、まず一つ、いいことをしたと思いました。

《新美南吉『ごん狐』》

ごんが、いわし屋や兵十に見つからないように急いで行動しています。最後の文章は、ほっとしている場面です。あなたなら、どこで緩急をつけますか。

2 内容を理解してもらうために「間」を工夫する

そらと思って弾き出したかと思うといきなり楽長が足をどんと踏《ふ》んでどなり出しました。(いきなり怒鳴り出した感じを表現するために間は短く)「だめだ。まるでなっていない。・・・」

《宮沢賢治『セロ弾きのゴーシュ』》

縁側にすわっていねむりしていたおばあさんは、め眼をあいてかぶと虫をみると、(おばあさんはかぶと虫を見ても驚く様子もなく、ねぼけた感じを表したいので少し間を取る)

「なんだ、がにかや」といって、まためをとじてしまいました。

(ムキになって言い返す太郎を表わしたいので、間を短く)

「ちがう、かぶとむしだ」と小さい太郎は口をとがらしていいましたが、おばあさんには、かぶと虫だろうがかに蟹だろうが、かまわないらしく、ふんふん、むにゃむにゃといって、ふたたびめ眼をひらこうとしませんでした。

《新美南吉「小さい太郎の悲しみ」》

3 時間の経過や場面が変わったことを「間」で表現する

富士には、月見草がよく似合ふ。（間を取り、気持ちをリセットして次を読む）十月のなかば過ぎても、私の仕事は遅々として進まぬ。人が恋しい。

《太宰治『富嶽百景』》

No.5

新美南吉

『最後の胡弓《こきゅう》弾《ひ》き』

木之助は古物屋に胡弓を売ったものの、すぐに後悔の念に駆られます。「木之助は慌てて、（間を取らずに続けて読む）ゴムの長靴を鳴らしながら」は、急いでいる様子を伝えるため一気に速く読んでいます。胡弓を見つけた後のほっとした場面は落ち着いて読んでいます。相手にしない女主人と木之助の慌てぶりを間や緩急で表現したいですね。

胡弓を手ばなした瞬間、心の一隅に「しまった」という声が起った。それが、今は段々大きくなって来た。

クレヨンの包みを受けとると木之助は慌てて、ゴムの長靴を鳴らしながら、さっきの古物屋の方へひっかえしていった。あいつを手離してなるものか、あいつは三十年の間私につれそうて来た！

もう胡弓が古帽子や煙草入れなどと一緒に、道からよく見えるところに吊してあるのが、木之助の眼に入った。まだあってよかったと思った。長い間逢わなかった親しい者にひょいと出逢ったように懐しい感じがした。

木之助は店にはいって行って、ちょっと躊躇いながら、いった。

「ちょっと、すまないが、さっきの胡弓は返してくれんかな。ちょっと、そのう、都合の悪いことが出来たもんで」

青くむくんだ女主人は、きつい眼をして木之助の顔を穴のあくほど見た。そこで木之助は財布から三十銭を出して火鉢の横にならべた。
「まことに勝手なことといってすまんが、あの胡弓は三十年も使って来たもんで、俺のかかあより古くから俺につれそっているんで」

女主人の心を和げようと思って木之助はそんなことをいった。すると女主人は、「あんたのかかあがどうしただか、そんなこたあ知らんが、家あ商売してるだね。遊んでいるじゃねえよ」といって、帳面や算盤の乗っている机に頬杖をついた。そしてまたいった。「買いとったものを、おいそれと返すわけにゃいかんよ」

これはえらい女だなと木之助は思いながら「それじゃ、売ってくれや、いくらでも出すに」といった。

No.6

田丸雅智

「伊賀の栗」

この作品の冒頭は、印象的なセリフで始まります。ここではまだ何が起こっているのかわからないのですが、追いかけられているのは確かです。慌てている様子を、ちょっとコミカルに読んでみるのも面白いですね。セリフは全てインパクトがあり、地の文もスピード感を出すためにやや速く読んでいるため、「追手は～逃げおおせる。」は声を絞り安心した感じを表しました。「与太郎は伊賀の国に生まれた・・・」から場面が変わりますので間を取り、主人公を遠くから眺める者として読んでみました。「そんな与太郎・・・」の出だしは音を上げて読みたいと思ったため、直前の文章「そういうわけで」は目立たないように低い音から出て変化をつけています。

「むむっ、なにやつ！」

しまった、と思い、与太郎は身をひるがえす。慌てて庭に飛び降りて、一目散に逃げていく。

「怪しいやつめっ！　待ていっ！」

ドタドタと足音がして、屋敷の中からどんどん人が現れる。先頭の者が追いつきそうになるものの、与太郎は必死で走りつづける。

「待てぇいっ！」

そのとき、走りながら与太郎は背負った風呂敷に手を掛けた。そして一気に解き放ち、中身が派手に転がり落ちる。

「うわあっ！」

追手は大きな声をあげて立ち往生。そのすきに、彼はまんまと逃げおおせる。

与太郎は伊賀の国に生まれた忍者である。ただし、いわゆる出来損ないの忍びだった。何をやらせても失敗ばかりで、仲間からは邪魔者扱いされてきた。下手に誰かに捕まれば、大事な秘密が漏れかねない。そういうわけで、近ごろは仕事さえも与えてもらえず、暇を持て余す日々がつづいていた。

そんな与太郎だったのだが、あるとき、山で不思議なものを発見した。それは栗の木のようだったが、そこになっていた栗が普通のものとは違っていたのだ。

No.7

夏目漱石『三四郎』

朗読記号付き

三四郎がお風呂に入って考えている場面です。入ってきたのは知り合ったばかりの例の女で、帯まで解きだしたのですから、慌ててしまいますね。私は、短いセリフと緩急で面白さを出したいと思いました。「帯を解く」の読み方も「とく」「ほどく」がありますが、私の解釈で「とく」と読んでいます。

「少し考えた」は風呂の中で考えている三四郎を想像して読みます。（こいつはやっかいだ）は面倒な事を考えているため、やや音を下げました。「だれか」は（誰だろう）と本当に考えながら読むと、軽くても印象深くなります。「やがて出てきた。手を洗う。」は短い文章が続きますので、ひとかたまりにして読んでみました。セリフを特に印象づけたかったため、セリフと繋がっている地の文の印象を薄くしました。「かえってはいって来た。そうして帯を解きだした。三四郎といっしょに湯を使う気とみえる。べつに恥かしい様子も見えない。」は緩急をつけ慌てた感じを表現。「三四郎はたちまち湯槽を飛び出した。」をこの抜粋のクライマックスにして読んでみました。

三四郎は着物を脱いで、風呂桶の中へ飛び込んで、少し考えた。（こいつはやっかいだ）とじゃぶじゃぶやっていると、廊下に足音がする。だれか便所へはいった様子である。やがて出て来た。手を洗う。それが済んだら、ぎいと風呂場の戸を半分あけた。例の女が入口から「ちいと流しましょうか」と聞いた。三四郎は大きな声で、「いえ、たくさんです」と断った。しかし女は出ていかない。かえってはいって来た。そうして帯を解きだした。三四郎といっしょに湯を使う気とみえる。べつに恥かしい様子も見えない。三四郎はたちまち湯槽《ゆぶね》を飛び出した。

勢いをつけて読んでいる

今回、クライマックスにしてみた箇所

Lesson 4
大切な言葉を意識して読むトレーニングをしましょう

このレッスンの目的

このレッスンでは、朗読する文章の中で、読み手が特に聴き手に印象づけたいと思った箇所を、どうしたら思い通りに印象づけられるか、朗読の印象づけについてトレーニングしていきます。

なお、印象づけでは「プロミネンス（強調）」ばかりが唯一の方法と思い、大袈裟に強調しようとしますが、そのような大袈裟な強調をしなくても、その言葉が大切だと意識するだけで読み方が変わってきます。もちろん伝わり方も変わります。また、馴染みのない言葉を速く読んでしまうと理解を得られないまま次に進むことになりますので、それにも気をつけたいものです。大切な言葉には必ず印をつけましょう。

トレーニングのポイント

1 プロミネンス（強調）
2 指示語（こそあど言葉）は何を指しているかを考えながら読む
3 馴染みのない言葉は丁寧に読む

1

プロミネンス（強調）

特定の言葉を際立たせて印象深く！

①強く読む

例「男が、恐ろしい形相で走ってきた。」

※時には、声を潜めて読む

例「彼は自分の秘密を、コッソリ教えてくれた。」

そのほか、他の箇所をあえてサラリと読み、その言葉を際立たせることもある。

②音を上げ直して高くする（時には低く）

例「私は思い出してみた。あの時の人だ！」

③読む速さを変える

◆あえてゆっくり読む

例「熊は、のそりのそりとやってきました。」

◆あえて速く読む

例「泥棒は、慌てて逃げだした。」

④前後に間を取る

例「女の子は、ぽつんと、立っていました。」

⑤セリフの場合は感情を入れる

例「男は静かな声で、好きなんです、と言った。」

（夏目漱石『夢十夜』「第一夜」）

※すべてにおいて腹式呼吸は必須です。

プロミネンスの代表的なものはこの5点ですが、「言葉を大切に読む」ということが最も重要だと思うようになりました。その言葉に含まれる意味をしっかり考えながら「大切に」読むと、聴き手もその気持ちを受け取りやすくなるでしょう。直前に説明した内容を理解した上で、次の線の部分をプロミネンスしてみましょう。

二人は急いで山を降りた。足の運びも前とは違って、姉の熱した心持ちが、暗示のように弟に移って行ったかと思われる。

《森鴎外『山椒大夫』》

【プロミネンス練習】

次に、プロミネンスしたい言葉によって、区切りを変えて読んでみましょう。

「その男の写真を三葉」をプロミネンスしたい場合

・私は、その男の写真を三葉、見たことがある。

「三葉」を特にプロミネンスしたい場合

・私はその男の写真を、三葉、見たことがある。

「その男の写真を」を特にプロミネンスしたい場合

・私は、その男の写真を、三葉見たことがある。

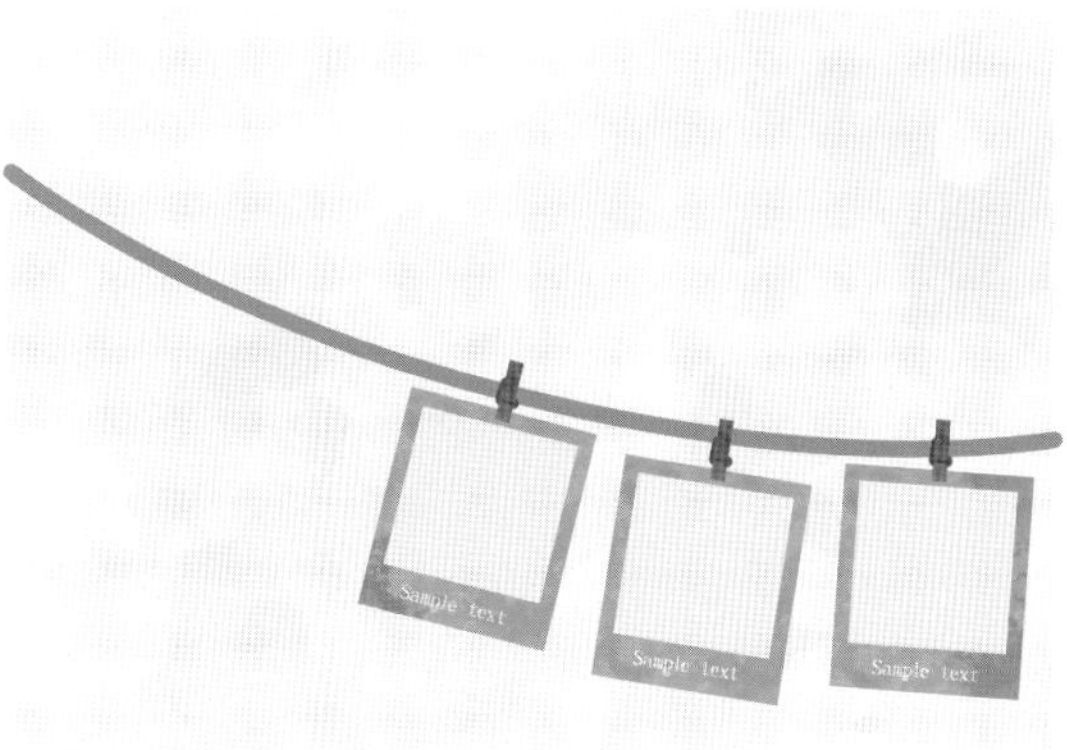

夏目漱石『こころ』

朗読記号付き

先生が書生に全てを打ち明けようと思った重要な場面です。「あばく」「まじめ」は大切な言葉ですね。大袈裟なプロミネンスよりも、その言葉に対する真剣さが伝わるように読みたいものです。大切な言葉が多く出てきますが、どれも重く読むとかえってメリハリがつきません。大切に読む、柔らかく読む、緊迫感を持って読む、畳みかける様に読む、など工夫をしてみてください。

普段とは違う書生の態度に先生が少なからず衝撃を受けていることを表すため、出だしは低い音で印象深くしています。

▼「あなたは大胆だ」

書生の必死さを表すため間を少なくし、一瞬で別の人物だとわかるように高い音から出ています。

間少なく

▲「ただ真面目なんです。真面目に人生から教訓を受けたいのです」

次のセリフで「言いたくない過去の重さ」、「その人から人生の教訓を受けたい真剣な気持ち」が聴き手に伝わるように読みたいと思います。

「私の過去を訐《あば》いてもですか」

訐くという言葉が、突然恐ろしい響《ひび》きをもって、私の耳を打った。私は今私の前に坐《すわ》っているのが、一人の罪人《ざいにん》であって、不断から尊敬している先生でないような気がした。先生の顔は蒼《あお》かった。

「先生の顔は蒼かった。」は出だしを低く抑えたい文章でしたが、前後のバランスを考え少し高く出ています。

「あなたは本当に真面目なんですか」と先生が念を押した。

「あなたは本当に真面目なんですか」の後の「と」は、先生の言葉が重すぎるため、あえて軽く「と、先生が念を押した。」と読みました。

「私は過去の因果《いんが》で、人を疑《うたぐ》りつけている。だから実はあなたも疑っている。

緊迫感を漂わせるため
に速く読んでいる

しかしどうもあなただけは疑りたくない。あなたは疑るにはあまりに単純すぎるようだ。

やわらかく

私は死ぬ前にたった一人で好《い》いから、他《ひと》を信用して死にたいと思っている。あなたはそのたった一人になれますか。なってくれますか。あなたははらの底から真面目ですか」

「あなたははらの底から真面目ですか。」という文章をクライマックスに読みたいと思い、その前の「あなたはそのたった一人になれますか。なってくれますか。」は声量は控えめに真剣さを表したつもりです。

「もし私の命が真面目なものなら、私の今いった事も真面目です」

私の声は顫《ふる》えた。

間を取る

「よろしい」と先生がいった。

「話しましょう。

「話しましょう。」はハッキリと、「聞かないほうが増かもしれませんよ」は柔らかく読み先生の優しさを表しました。

私の過去を残らず、あなたに話して上げましょう。その代り……。いやそれは構わない。しかし私の過去はあなたに取ってそれほど有益でないかも知れませんよ。聞かない方が増《まし》かも知れませんよ。それから、今は話せないんだから、そのつもりでいて下さい。適当の時機が来なくっちゃ話さないんだから」

私は下宿へ帰ってからも一種の圧迫を感じた。

やわらかく読み、先生の優しさを表しました

【セリフの後の「と」の読み方】

読点がついていない文章・・・「あなたは本当に真面目なんですか」と先生が念を押した。

① **「あなたは本当に真面目なんですか」、と、先生が念を押した。**

(「あなたは本当に真面目なんですか」をセリフのように読み、「先生が念を押した。」も多少印象づけたい場合は、この読み方をすることが多いです。「と」は軽く読みましょう!)

② **「あなたは本当に真面目なんですか」、と先生が念を押した。**

(「あなたは本当に真面目なんですか」をセリフのように読み、「と先生が念を押した」は目立たなくても良い場合は、「このように読むことが多いです。私はライブの時は、「あなたは本当に真面目なんですか」を強烈に印象づけるため、このように読んでいます)

③ **「あなたは本当に真面目なんですか」と、先生が念を押した。**

(「あなたは本当に真面目なんですか」を地の文として読む時は、この読み方をすることが多いです)

・・・・・・・・・・・・

解釈も表現もひとそれぞれです。ご自分の表現方法を考え、記号付けをしてみましょう!

2 指示語（こそあど言葉）は何を指しているかを考えながら読む（図参照）

暮色を帯びた町はずれの踏切りと、小鳥のように声を挙げた三人の子供たちと、そうしてその上に乱落《らんらく》する鮮《あざやか》な蜜柑の色と――すべては汽車の窓の外に、瞬《またた》く暇もなく通り過ぎた。が、私の心の上には、切ない程はっきりと、この光景が焼きつけられた。

《芥川龍之介『蜜柑』》

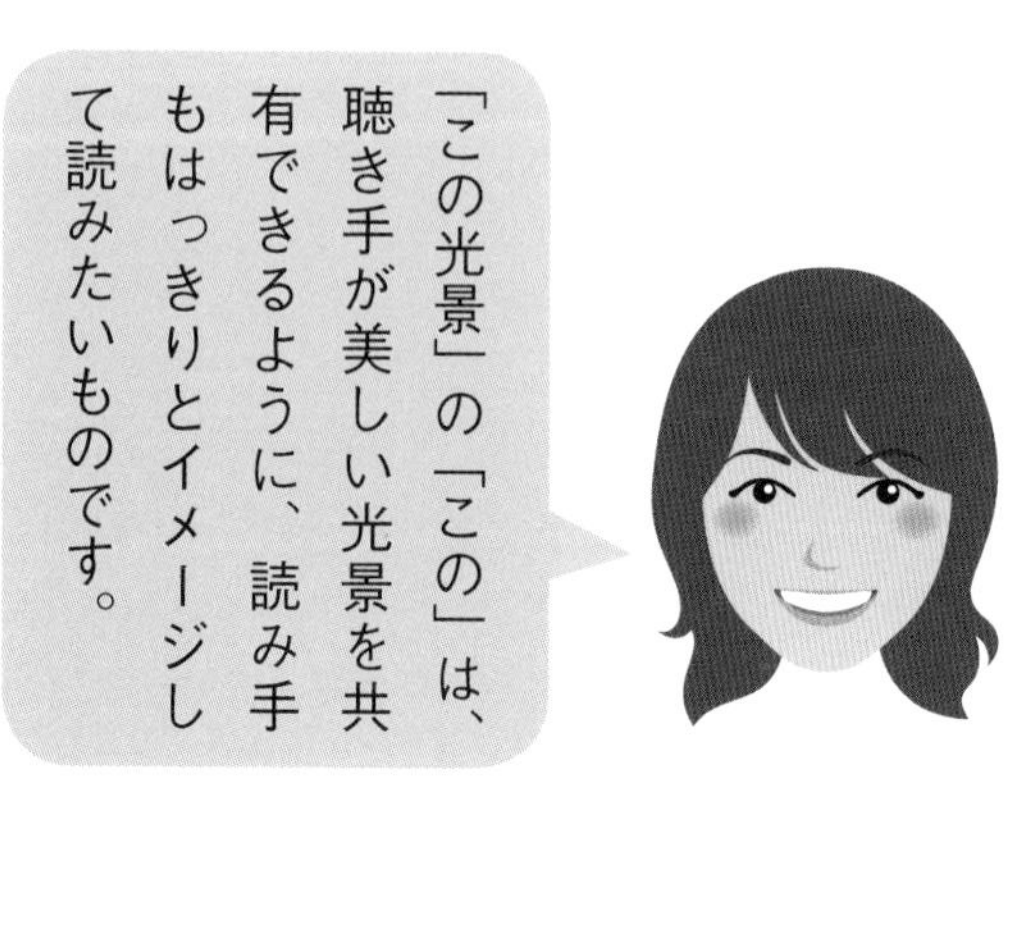
「この光景」の「この」は、聴き手が美しい光景を共有できるように、読み手もはっきりとイメージして読みたいものです。

	使い方	物事・事柄	場所	方向	性質・状態・様子
こ	話し手に近い	これ・この	ここ	こちら・こっち	こんな・こう
そ	聞き手に近い	それ・その	そこ	そちら・そっち	そんな・そう
あ	話し手・聞き手のいずれからも遠い	あれ・あの	あそこ	あちら・あっち	あんな・ああ
ど	はっきりしない・わからない	どれ・どの	どこ	どちら・どっち	どんな・どう

No.9

山本周五郎『季節のない街』「街へゆく電車」

六ちゃんと母は心から思い合っており、互いに精一杯のことをしています。切なくなる場面です。心の中の声を大切に読みたいと思います。Ｐ44の「こそあど言葉」を参照し、作中の「指示語」に印を付け、ひとつひとつ、その意味を考えてみましょう。

六ちゃんはふざけているのではない、あてつけや皮肉でそんなことをするのでもなかった。かあちゃんが自分のことで世間に肩身のせまいおもいをし、自分のためにおそっさまを拝んだり、お呪禁《まじない》をしたり、いろいろな祈祷師を招いたりするのはわかっていた。そんな必要はない、かあちゃんはそんな心配をすることなんか少しもないのだ。

どうしてそんなに心配ばかりするのさ、かあちゃん、なにが不足なんだい、と六ちゃんは幾たびも云った。そうだよ、不足なんかなんにもないよ、心配なんかしちゃあいないよ、とおくにさんはいつも答えるが、その顔にあらわれている望みを失ったような悲しみの影は、消えも弱まりもしなかった。六ちゃんにはそれが気がかりなのだ、このままでなんの不足もないのに、精をすり減らしているかあちゃんが哀れで、そんなかあちゃんをなんとかしてまともなものにしてやりたい、と念じているのであった。

「お願いします、おそっさま」おくにさんのとなえるお題目のあいまあいまに、六ちゃんはしんそこ祈るのであった、「――毎度のことで飽き飽きするかもしれないが、かあちゃんのことはよろしくお頼みします、なんみょうれんぎょう」

おくにさんは胸がせつなくなってくる。もうなん年となく同じおつとめを欠かさずやっているのだが、わが子のその祈願を聞くたびに、そのたびごとに胸がせつなくなり、涙がこぼれそうになった。

この子はこんなに親おもいで、こんなにちゃんと口もきける、きっといまに頭もまともになるだろう、おくにさんはそう信じようとする。六ちゃんはそういうかあちゃんの顔を、憐《あわ》れむような眼つきで見まもり、ちょうど母親が怯《おび》えている子をなだめるように、大丈夫だよ、なにも心配することはないよ、万事うまくいってるじゃないか、気を楽にしなよ、と云いきかせるのであった。

3 馴染みのない言葉は丁寧に読む

当山は勅願の寺院で、三門には勅額をかけ、七重の塔には宸《しん》翰《かん》金《こん》字《じ》の経文が蔵めてある。

《森鷗外『山椒大夫』》

Check!

できるだけ辞書に載っているアクセントを使うように心がけていますが、載っていないものもあります。アクセントの違いで意味が変わってくるものは、気をつけましょう。【こころ】というアクセントは中高と尾高があります。私は個人的な好みで夏目漱石『こころ』は中高で読んでいます。ちょっとした拘りを持ったり、時にはおおらかに考えたり、そのようなことも含めて朗読を楽しんでみましょう。

Lesson 5

同じ言葉の繰り返しの時の読み方をトレーニングしましょう

このレッスンの目的

登場人物の言葉は、そのひとつひとつに、その作者の意図が込められています。読み手はその意図を汲んだうえで、いかに聴き手にそのことを伝えていくかを考えることが大切です。このレッスンでは、作者の意図をしっかり考え、表現するトレーニングをしましょう。

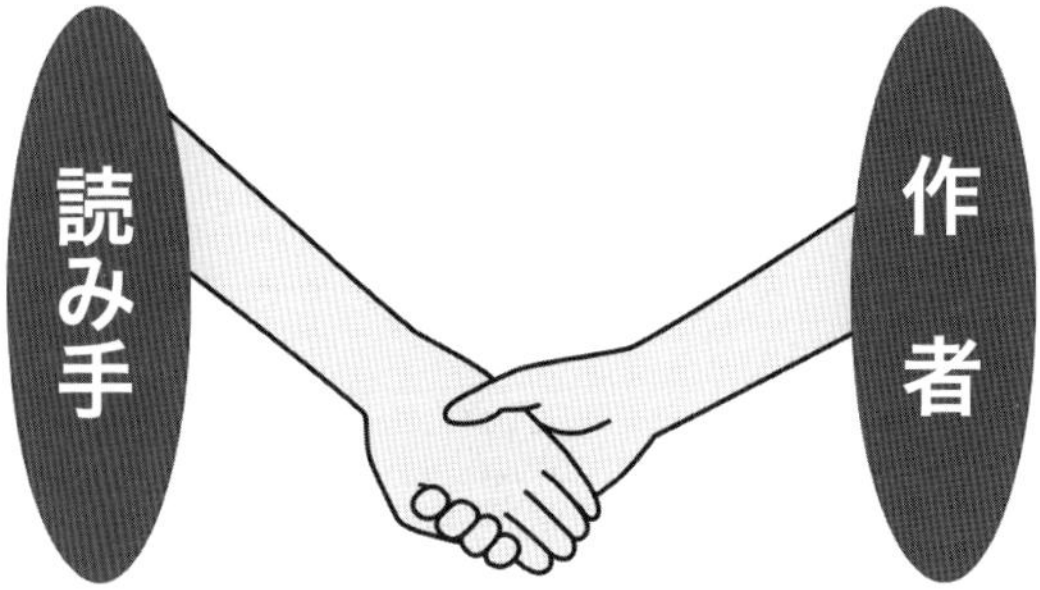

トレーニングのポイント

1 「同じ人が同じ言葉を繰り返す」違った表現で読んでみる

2 同じ人が同じ言葉を繰り返す」あえて同じ表現で読んでみる

3 「違う人が同じ言葉を言い返す」

1

「同じ人が同じ言葉を繰り返す」違った表現で読んでみる

「まあ!」とあきれましたが、「ほんとうに人間はいいものかしら。ほんとうに人間はいいものかしら」とつぶやきました。

《新美南吉「手袋を買いに」》

つい口からこぼれ出てしまった時、疑問に思った時、不安な時など、さまざまな言い方を試してみてください。

2

「同じ人が同じ言葉を繰り返す」あえて同じ表現で読んでみる

私は信頼されている。私は信頼されている。先刻の、あの悪魔の囁きは、あれは夢だ。悪い夢だ。

《太宰治『走れメロス』》

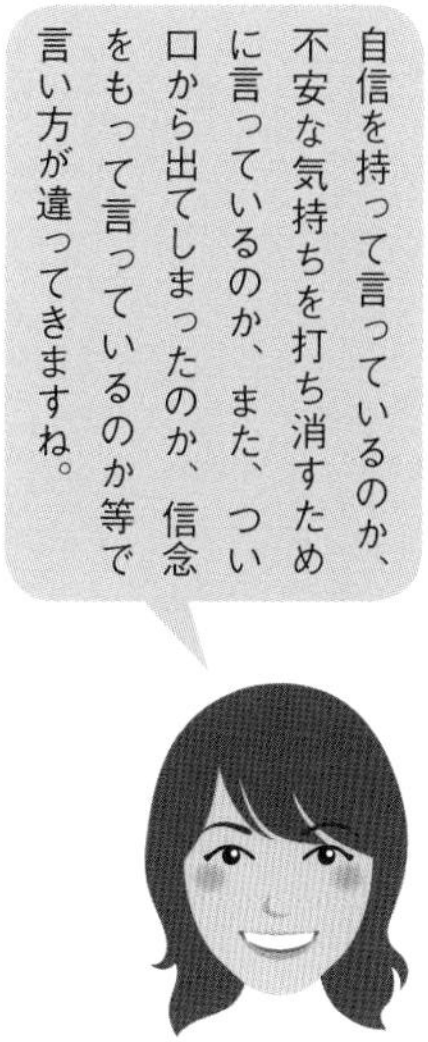
自信を持って言っているのか、不安な気持ちを打ち消すために言っているのか、つい口から出てしまったのか、また、信念をもって言っているのか等で言い方が違ってきますね。

3

「違う人が同じ言葉を言い返す」

「セリヌンティウス。」メロスは眼に涙を浮べて言った。「私を殴れ。ちから一ぱいに頬を殴れ。私は、途中で一度、悪い夢を見た。君が若《も》し私を殴ってくれなかったら、私は君と抱擁する資格さえ無いのだ。殴れ。」セリヌンティウスは、すべてを察した様子で首肯《うなず》き、刑場一ぱいに鳴り響くほど音高くメロスの右頬を殴った。殴ってから優しく微笑《ほほえ》み、「メロス、私を殴れ。同じくらい音高く私の頬を殴れ。・・・」

《太宰治『走れメロス』》

2人の関係性、この場の状況をはっきりさせると、おのずと言い方が決まってくるような気がします。

No.10

芥川龍之介

『羅生門』

朗読記号付き

地の文が硬いため、下人の心の変化をセリフでわかりやすく伝えられるといいですね。老婆のセリフは、「この髪を（区切り）抜いてな（語尾を下げる）。この髪を抜いてな（語尾をやや上げる）。にしようと思うたのじゃ（語尾を上げる）。」というように読んでみました。大したことではないように聞こえるよう、私なりに工夫をしてみました。

「何をしていた。云え。云わぬと、これだぞよ。」

下人は、老婆をつき放すと、いきなり、太刀の鞘《さや》を払って、白い鋼《はがね》の色をその眼の前へつきつけた。けれども、老婆は黙っている。

両手をわなわなふるわせて、肩で息を切りながら、眼を、眼球《めだま》がの外へ出そうになるほど、見開いて、唖のように執拗《しゅうね》く黙っている。これを見ると、下人は始めて明白にこの老婆の生死が、全然、自分の意志に支配されていると云う事を意識した。そうしてこの意識は、今まで険しく燃えていた憎悪の心を、いつの間にか冷ましてしまった。後《あと》に残ったのは、ただ、ある仕事をして、それが円満に成就した時の、安らかな得意と満足とがあるばかりである。そこで、下人は、老婆を見下しながら、少し声を柔らげてこう云った。

「己《おれ》は検非違使《けびいし》の庁の役人などではない。今し方この門の下を通りかかった旅の者だ。だからお前に縄《なわ》をかけて、どうしようと云うような事はない。ただ、今時分この門の上で、何をして居たのだか、それを己に話しさえすればいいのだ。」

すると、老婆は、見開いていた眼を、一層大きくして、じっとその下人の顔を見守った。瞼《まぶた》の赤くなった、肉食鳥のような、鋭い眼で見たのである。それから、皺で、ほとんど、鼻と一つになった唇を、何か物でも噛んでいるように動かした。細い喉で、尖った喉仏《のどぼとけ》の動いているのが見える。その時、その喉から、鴉《からす》の啼くような声が、喘《あえ》ぎ喘ぎ、下人の耳へ伝わって来た。

「この髪を抜いてな、この髪を抜いてな、鬘《かずら》にしようと思うたのじゃ。」

No.11

新美南吉

「おしどり」

現実の悩みを抱えている若者と老人（水の精）との違いが出るといいですね。「その愛の中に（区切り）さびしさがあったり、その愛の中ににくしみがあったり（サラサラと）、その愛の中に（区切り）うたがいがあったりはしないのでしょうか。」というふうに、区切りと緩急で変化をつけてみました。この箇所でプロミネンスした言葉は、1回目の「その愛の中に」と「さびしさ」、3回目の「うたがい」です。「やっぱりそうだったのですか」も2度出てきます。1度目は「やっぱり」をプロミネンス。2度目はひとりごとのようにサラリと読んでみました。

「お待ちください」と若者はひとみをかがやかせながらさえぎった。

「それでは、あの一対のおしどりは、すみきった愛のみをもって相愛しているのでございますか。その愛の中にさびしさがあったり、その愛の中ににくしみがあったり、その愛の中にうたがいがあったりはしないのでしょうか。」

「そのようなものはいっさい介在しない。ただ一つの愛のみじゃ。さればいずれか一方がうせたときにはとりのこされた者は、ひたすらなる悲しみにとざされ、ついにはそのため己もまた身を亡ぼさねばならぬやもしれない。」

「やっぱりそうだったのですか」と若者は、老人からちょうどそのときこちらへやってくるつがいのおしどりの方へ眼をうつしていった。そしてこんどはひとりごとのようにいいはじめた。

「やっぱりそうだったのですか。わたしもそう思っておりました。それで彼らをうらやましくて、毎日ここにきてじっとみつめておりました。お祭しの通りです。わたしは恋をしているのです。でもそれは奇妙な恋でございます。お聞きください。わたしと女とは小さい頭を総角《あげまき》にゆっているころから知りあっていました。わたしたちの恋は六七歳のころふたりでよく遊んだお嫁さんごっこの他愛ない遊びに胚胎しているのでございます。けれども真正の恋心を感じはじめましたのはふたりが十五六歳になったころからでございました。それだとて早い恋ではございます。そのころは純真な愛情をもってひたむきに女を愛しておりました。相いだいて樹かげにふたりいるとき、わたしはこのまま死んでもくいはしないと、女にも申し、また自分の心でも思っておりました。女でございますか。もちろん女も真実心からそう申しておりました。けれどわたしはそのうちに都に出で、進士の試験をとるため勉学にはげんだのでございます。その間とてかたときも女のことをわすれたことはありませんでした。ですがそうしているあいだにわたしは自分の心が二つにわかれはじめたことに気がつきました。・・・

6 「会話」を朗読するトレーニングをしましょう

このレッスンの目的

会話はキャッチボール（またはコミュニケーション）です。「相手に言われたこと、それについて思ったこと、言い返したいこと」を明確にし、セリフを工夫する必要があります。俳優なら動作で表したり目で語ることもできますが、声だけの表現の場合、地の文がある場合と無い場合もありますし、どの程度の表現にするかバランスが大切です。

このレッスンでは、年齢や性格はもちろん、心情の変化で途中から言い方が変わってくることも含めて表現できるようにトレーニングをしましょう。

トレーニングのポイント

1 相手の言葉を受け取る
2 受け取った言葉について考える
3 言葉を投げ返す

1

相手の言葉を受け取る

竹久夢二「大きな手」

A　まあ、あなたの手は綺麗《きれい》なお手ねえ。白くって、細くって、そしてまあこの柔かいこと。マリア様のお手のようだわ。

B　そうでしょうか？

A　あら、あなたはそうは思わなくって？　これが美しくなかったら何を美しいって言えば好《い》いでしょう。

B　そりゃあたしの手は、小さくても色が白いには白いけれど、あたしよかもっと美しい手があると思ってよ。

A　と仰言《おっしゃ》ると、どんな手ですの？

少女Aと少女Bの対話です。相手の言葉を受けてから答える練習になります。

B　どんな手ってきかれても困るけれど、あのクラスのCさんの手なんかは、ほんとに美しい手だと思うわ。

A　まあ！　Bさん。あなたあんな手が何処《どこ》が美しいの？　指は棒のように太いし、色は石炭のように黒いし、あの方が体操でもしていらっしゃるところを見ていると、まるで煙筒《えんとつ》の掃除男が喧嘩《けんか》しているようだわよ。

B　そりゃ、あなたが仰言《おっしゃ》るようにCさんの手は太くって黒いし、それに足だって随分大きいけれど、Cさんの手や足がどんなに役に立っているかあなた御存じ？

A　いいえ、だけど、Cさんが何をなさったからって手足の大きいことに違いはないわ。

B　そりゃそうですけれど、あなたや私たちの手の美しさと、Cさんの手の美しさとは意味が違うって言うことを、あなたにお聞かせしたいの。

A　どう言う訳なの。

B　Cさんの手は私達の手と違って、そりゃあお忙しいのよ。ほら、Cさんのお母様《かあさん》は御病気でいつも床に就いていらっしゃるのでしょう。だからCさんがお父様《とうさん》の身のまわりの事から、お台所の事から、それに小さな弟さんの面倒まで、そりゃ行届いてなさるんですって。

2 受け取った言葉について考える

夏目漱石『草枕』

女は後《あと》をも見ぬ。すらすらと、こちらへ歩行《あるい》てくる。やがて余の真正面《ましょうめん》まで来て、

「先生、先生」

と二声《ふたこえ》掛けた。これはしたり、いつ目付《めつ》かったろう。

「何です」

と余は木瓜《ぼけ》の上へ顔を出す。帽子は草原へ落ちた。

「何をそんな所でしていらっしゃる」


画工は那美さんが知らない男に財布を渡しているのを見かけます。それを木瓜の中で見つからないように見ていたのですが・・・。画工がドギマギする面白さが出るといいですね。この抜粋部分には「解《げ》せぬ」とルビが振ってありますが、草枕（一）では「いかに美しきかはなおさらに解《かい》せぬ。」となっています。ルビが振られてない場合は、ご自分の解釈で自信を持って読んでください。

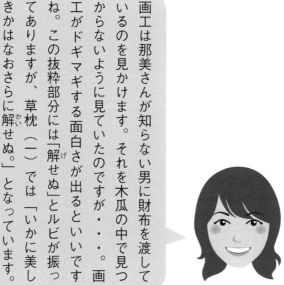

「詩を作って寝《ね》ていました」

「うそをおっしゃい。今のを御覧でしょう」

「今の？　今の、あれですか。ええ。少々拝見しました」

「ホホホホ少々でなくても、たくさん御覧なさればいいのに」

「実のところはたくさん拝見しました」

「それ御覧なさい。まあちょっと、こっちへ出ていらっしゃい。木瓜の中から出ていらっしゃい」

余は唯々《いい》として木瓜の中から出て行く。

「まだ木瓜の中に御用があるんですか」

「もう無いんです。帰ろうかとも思うんです」

「それじゃごいっしょに参りましょうか」

「ええ」

余は再び唯々として、木瓜の中に退《しりぞ》いて、帽子を被《かぶ》り、絵の道具を纏《まと》めて、那美さんといっしょにあるき出す。

「画を御描きになったの」

「やめました」

「ここへいらしって、まだ一枚も御描きなさらないじゃありませんか」

「ええ」

「でもせっかく画をかきにいらしって、ちっとも御かきなさらなくっちゃ、つまりませんわね」

「なにつまってるんです」

「おやそう。なぜ？」

「なぜでも、ちゃんとつまるんです。画なんぞ描《か》いたって、描かなくったって、つまるところは同《おんな》じ事でさあ」

「そりゃ洒落《しゃれ》なの、ホホホホ随分呑気《のんき》ですねえ」

「こんな所へくるからには、呑気にでもしなくっちゃ、来た甲斐《かい》がないじゃありませんか」

「なあにどこにいても、呑気にしなくっちゃ、生きている甲斐はありませんよ。私なんぞは、今のようなところを人に見られても恥《はず》かしくも何とも思いません」

「思わんでもいいでしょう」

「そうですかね。あなたは今の男をいったい何だと御思いです」

「そうさな。どうもあまり、金持ちじゃありませんね」

「ホホホ善《よ》くあたりました。あなたは占《うらな》いの名人ですよ。あの男は、貧乏して、日本にいられないからって、私に御金を貰いに来たのです」

「へえ、どこから来たのです」

「城下《じょうか》から来ました」

「随分遠方から来たもんですね。それで、どこへ行くんですか」

「何でも満洲へ行くそうです」

「何しに行くんですか」

「何しに行くんですか。御金を拾いに行くんだか、死にに行くんだか、分りません」

この時余は眼をあげて、ちょと女の顔を見た。今結んだ口元には、微《かす》かなる笑の影が消えかかりつつある。意味は解《げ》せぬ。

「あれは、わたくしの亭主です」

3 言葉を投げ返す

宮沢賢治『なめとこ山の熊』

小十郎はまるでその二疋の熊のからだから後光が射すように思えてまるで釘付《くぎづ》けになったように立ちどまってそっちを見つめていた。すると小熊が甘えるように言ったのだ。

「どうしても雪だよ、おっかさん谷のこっち側だけ白くなっているんだもの。どうしても雪だよ。おっかさん」

　すると母親の熊はまだしげしげ見つめていたがやっと言った。


冷たく美しい景色と熊の温かい会話が印象的な場面です。「まるでその二疋の熊のからだから後光が射すように思えて」「まるで釘付《くぎづ》けになったように立ちどまって」（傍線）は文の塊を意識すると読みやすいです。甘える子熊と母熊との近さと温かさ、月の遠さ、雪や氷の冷たさ・・・そのようなことを考えながら読みたいと思います。

「雪でないよ、あすこへだけ降るはずがないんだもの」

子熊はまた言った。

「だから溶けないで残ったのでしょう」

「いいえ、おっかさんはあざみの芽を見に昨日あすこを通ったばかりです」

小十郎もじっとそっちを見た。

月の光が青じろく山の斜面を滑っていた。そこがちょうど銀の鎧《よろい》のように光っているのだった。しばらくたって子熊が言った。

「雪でなけぁ霜だねえ。きっとそうだ」

ほんとうに今夜は霜が降るぞ、お月さまの近くで冑《コキエ》もあんなに青くふるえているし第一お月さまのいろだってまるで氷のようだ、小十郎がひとりで思った。

「おかあさまはわかったよ、あれねえ、ひきざくらの花」

「なぁんだ、ひきざくらの花だい。僕知ってるよ」

「いいえ、お前まだ見たことありません」

「知ってるよ、僕この前とって来たもの」

「いいえ、あれひきざくらでありません、お前とって来たのきささげの花でしょう」

「そうだろうか」子熊はとぼけたように答えました。

中勘助『銀の匙』

お恵ちゃんは
「あたしお引越しは嬉しいけど遠くへいけばもう遊びにこられないからつまらないわ」
とやるせなささうにいふ。で、私もどうしようかと思ふほど情なくなつて二人してふさいでゐた。これがお別れだといつてその晩はみんないつしよに遊んだが乳母もさすがに

「　」のついたセリフはいつも表現豊かに読まなければいけないというわけではありません。文中に挿入されている場合は、地の文としてややく変化をつける程度に読んでも良いと思います。セリフを全て地の文として読む場合は単調になりがちですので、Lesson4でご紹介した【セリフの後の「と」の読み方】を工夫してみると良いでしょう。全体のバランスを考慮しましょう。

「ほんとにお不仕合せなお子さんだ」

といひいひしげしげと顔を見つめてゐた。次の日にはお祖母様に手をひかれて玄関まで暇乞ひにきた。私はいつもの大人びた言葉つきでしとやかに挨拶をするお惠ちやんの声をきいて飛んでも出たいのを急に訳のわからない恥しさがこみあげてうぢうぢと襖のかげにかくれてゐた。お惠ちやんはいつてしまつた。あとを見おくつてた家の者はくちぐちに

「綺麗なお嬢様だこと」

といつた。お惠ちやんはお雛様のときの著物をきてきたといふ。ひとり机のまへに坐つて　なぜあはなかつたらう　とかひもない涙にくれてるのを乳母ははやくも見つけて

「坊ちやまもおかはいさうだ」

といつた。

No.12

与謝野晶子

「月夜」

何時の間にかお幸はもう稲荷の森へ入つて来て居ました。虫の声が遠くなつて此処では梟《ふくろふ》が頻《しき》りに啼《な》いて居ます。

「久ちやん。」

お幸はいつものやうに弟へ帰つた合図の声を掛けました。古い戸のがたがたと開けられる音がしました。

「姉さん。」

「女中」をしている姉のお幸を心配して待っていた久吉。2人の距離を考えながら読んでみました。お幸は母親に心配をかけたくないようです。思いやりあふれる姉と弟の関係が伝わるといいですね。

久吉は草履を突掛けてばたばたと外へ走つて来ました。

「姉さんに云ふことがあるよ。」

「どうしたの、母様《かあさん》は。」

お幸の胸は烈《はげ》しく轟《とどろ》きました。

「母さんのことぢやないよ。姉さんに云ふことがあるつて云つてるのぢやないの。」

「ぢやなあに。」

お幸は弟の肩へ手を掛けて優しく云ひました。

「姉さん今日はお芋が焼いてあるよ。」

「そんなこと。」

「だつて姉さんはお腹《なか》が空《す》いて居るのぢやないか、僕《ぼく》知つてるよ。」

久吉は恨めしさうでした。

「誰《だれ》に聞いたの。」

「中村さんの音作《おとさく》さんに聞いたよ。今夜だつて食べさせないだらうつて。姉さんはもう我慢が出来まいつて。」

「あなた、母さんに話して、そのこと。」

「いいえ。けれどお芋は母さんに云つて焼いたのだからいいよ。」

「さう、ありがたうよ。久ちやん。」

「早く行かう姉さん。」

No.13

堀真潮『抱卵』

朗読記号付き

この抜粋は3つのパートに分かれています。

最初のパートは1人語りです（実は目の前の男に話していますが）。「事実を知るのが恐くてただ卵を抱いている女性」を控えめな声で表現してみました。

2つ目のパートでは、目の前の男は、「一息に言う・真っ赤になって目を逸らした・そう言った声は、消え入りそうに小さくて」という地の文から、照れ屋だけれど一途な男性をイメージし、主人公が過去から抜け出せるくらいの熱量で読んでみました。

「ただ抱いているのです」「あなたが好きなんです」は小さい声ですが大切に読んでいますので印象に残ると思います。

最後のパートは、感情は入れずにポツリポツリと読むことで、徐々に明るくなってくる空と主人公の未来を表しました。

パート1

彼は自分の使命のために私と別れるつもりだったのかも知れません。

少なくとも帰って来る気はなく、現地に骨を埋める覚悟をしていたようです。

今も私は、その事実を知るのが恐ろしくてたまらない。だからといって最後の一つであるこの卵を捨ててしまう勇気もない。
だから、こうしてずっと、ただ抱いているのです。

小さい声で大切によむ

パート2

○言い終えた私に、目の前の男はわかりましたと言った。

「その両手で包まれた卵があなたにとってどれだけ大切な物なのか。だったら僕に卵ごとあなたを守らせてくれませんか？　いえ、守るなんておこがましいですね。出会った時、あなたはすでに卵を抱いていました。だから僕にとって卵はあなたの一部なのです。卵を抱いたままで良いのです。せめて隣にいさせてもらえませんか？」

男は一息に言うと、真っ赤になって目を逸らした。

「あなたが好きなんです」

小さい声で大切によむ

そう言った声は、消え入りそうに小さくて、私は思わず受け止めるための両手を差し出していた。

パート3

○その明け方、私は大きな鳥の夢を見た。翼を広げた鳥は、夜明けに背を向け、濃紺の方角へ向かって薄紫の空を飛んで行くと、やがてまだ明けきらぬ夜に隠れて見えなくなった。
○案の定、目を覚ますと卵は割れていた。空っぽの青みがかった殻を見ながら、私は全てが過去になったのだと理解した。

No.14

秋山真太郎

「風をさがしてる」

互いに生きていると思って再開した2人。兄を失った妹と、姉を失った弟の会話です。「お姉ちゃん、食べないと良くならないよ」は姉に言葉がけしているように読んでみました。プロミネンスしたのは「自らの意志で」「あなたのお兄様のおかげで生きる意味を持てるようになり」「死にゆく意味を持つことができた」「本当にありがとうございました。」です。淋しさだけでなく、感謝が伝わるように読んでみました。

「兄は、沖縄の海で散りました。これには役所の人間が持ってきた遺骨がわりの珊瑚が入っています。沖縄の、綺麗な海の珊瑚です」

男も包みを開くと、中から白い陶器の骨壺と写真が現れた。

「姉は皆さんが訓練から戻られた日から抜け殻のようになり、体がきんきんに冷えるまで、ただただ海を眺めていることが多くなりました。家にいても夏に拾ってきた蝉の抜け殻を見てぼーっとしているのです。ご飯もあまり食べなくなりました。お姉ちゃん、食べないと良くならないよと言っても口にしません。風が私を舞い上げることができるくらい、私は軽くなりたいと言って、結局姉は、玉音放送を聴かずに旅立ってしまいました。自らの意志で旅立ったんです。朝起きて姉の不在に気づき家族皆で捜し回りました。ようやく見つけたのは浜で西日に向かって綺麗に揃えられた姉の草履だけでした。

生きる意味を持てなかった姉は、あなたのお兄様のおかげで生きる意味を持てるようになり、そして最期には死にゆく意味を持つことができたのです。本当にありがとうございました。あなたのお兄様は日本の誇りです。一緒に素潜りをして若布《わかめ》や蜆《しじみ》を採って遊んでもらったこと、一生忘れません。お兄様のお写真はお返しします。あなたが持っていた方がいい」

Lesson 7

独白・心の中の声を朗読するトレーニングをしましょう

このレッスンの目的

独白は、主人公の心の中にあることを、独り言の形式で表すセリフです。また、心の中の声は、登場人物の本心です。

このレッスンでは、独白や心の中の声から登場人物の本心を想像し、その人物の心の様相を表現していくトレーニングをしましょう。

トレーニングのポイント

1 人物の年齢や性格、思い詰めているのか軽く考えているのかなどを考える

2 登場人物になりきるのか、少し離れたところから自分を語るのか考える

3 動揺や葛藤までも表現できるようになる

1

人物の年齢や性格、思い詰めているのか軽く考えているのかなどを考える

太宰治『女生徒』

お母さん、誰かの縁談のために大童《おおわらわ》、朝早くからお出掛け。私の小さい時からお母さんは、人のために尽すので、なれっこだけれど、本当に驚くほど、始終うごいているお母さんだ。感心する。お父さんが、あまりにも勉強ばかりしていたから、お母さんは、お父さんのぶんもするのである。お父さんは、社交とかからは、およそ縁が遠いけれど、お母さんは、本当に気持のよい人たちの集まりを作る。二人とも違ったところを持っているけれど、お互いに、尊敬し合っていたらしい。醜いところの無い、美しい安らかな夫婦、とでも言うのであろうか。ああ、生意気、生意気。

子供にも老人にもなれるところが朗読の面白いところです。声の張りや語尾をすっきり読むことで「若さ」を出すことができます。声を作り過ぎると違和感を感じることがありますので要注意。作品全体のバランスを考えてください。この抜粋はお父さんとお母さんを大切に思っている女生徒の気持ちが伝わると良いですね。

2

登場人物になりきるのか、少し離れたところから自分を語るのか考える

No.16

太宰治『人間失格』

また、自分は、空腹という事を知りませんでした。いや、それは、自分が衣食住に困らない家に育ったという意味ではなく、そんな馬鹿な意味ではなく、自分には「空腹」という感覚はどんなものだか、さっぱりわからなかったのです。へんな言いかたですが、おなかが空いていても、自分でそれに気がつかないのです。小学校、中学校、自分が学校から帰って来ると、周囲の人たちが、それ(注1)、おなかが空いたろう、自分たちにも覚えがある、学校から帰って来た時の空腹は全くひどいからな、甘納豆はどう？

カステラも、パンもあるよ、など(注2)と言って騒ぎますので、自分は持ち前のおべっ

か精神を発揮して、おなかが空いた、と呟いて、甘納豆を十粒ばかり口にほうり込むのですが、空腹感とは、どんなものだか、ちっともわかっていやしなかったのです。自分だって、それは勿論、大いにものを食べますが、しかし、空腹感から、ものを食べた記憶は、ほとんどありません。めずらしいと思われたものを食べます。豪華と思われたものを食べます。また、よそへ行って出されたものも、無理をしてまで、たいてい食べます。そうして、子供の頃の自分にとって、最も苦痛な時刻は、実に、自分の家の食事の時間でした。

自分を冷ややかに見ている感じを出すために、淡々と語っています。変化がつけにくい作品です。声に多少力を込めたり抜いたり、高低や緩急など、大げさにならないように工夫できると良いですね。「おなかが空いた」「自分の家の食事の時間」はあえて高低差をつけずに印象的に読んでみました。（注1）で音を上げ、（注2）で音を下げています。周囲の人達と自分の気持ちとの差を「音の高さ」で表してみました。

3

動揺や葛藤までも表現できるようになる

No.17

宮沢賢治

『銀河鉄道の夜』

朗読記号付き

▼（どうして僕《ぼく》はこんなにかなしいのだろう。僕はもっとこころもちをきれいに大きくもたなければいけない。あすこの岸のずうっと向うにまるでけむりのような小さな青い火が見える。あれはほんとうにしずかでつめたい。僕はあれをよく見てこころもちをしずめるんだ。）

ジョバンニは熱《ほて》って痛いあたまを両手で押《おさ》えるようにしてそっちの方を見ました。（ああほんとうにどこまでもどこまでも僕といっしょに行くひとはないだろうか。カムパネルラだってあんな女の子とおもしろそうに談《はな》しているし僕はほんとうにつらいなあ。）

ジョバンニは「もっとこころもちをきれいに大きくもちたい」と落ち込んでいます。出だしは低い音から出て、声量や響きを抑えています。抑えた表現のため、強調したい言葉は強く読まず「大切に」読んでいます。声を出し過ぎると心の中の声に聞こえないことがありますので気をつけましょう。途中に入る地の文に感情を入れないことで、前後の抑えた表現を引き立たせています。「カムパネルラだって」で音を上げているのは、心の中にヤキモチが入っていることを表したかったからです。ジョバンニが落ち込んでいる様子が伝わるといいですね。

宮沢賢治 『マリヴロンと少女』

少女は楽譜をもったまま化石のようにすわってしまう。マリヴロンはここにも人の居たことをむしろ意外におもいながらわずかにまなこに会釈《えしゃく》してしばらく虹のそらを見る。そうだ。今日こそ、ただの一言でも天の才ありうるわしく尊敬されるこの人とことばをかわしたい、丘《おか》の小さなぶどうの木が、よぞらに燃えるほのおより、もっとあかるく、もっとかなしいおもいをば、はるかの美しい虹に捧《ささ》げると、ただこれだけを伝えたい、それからならば、それからならば、あの

……

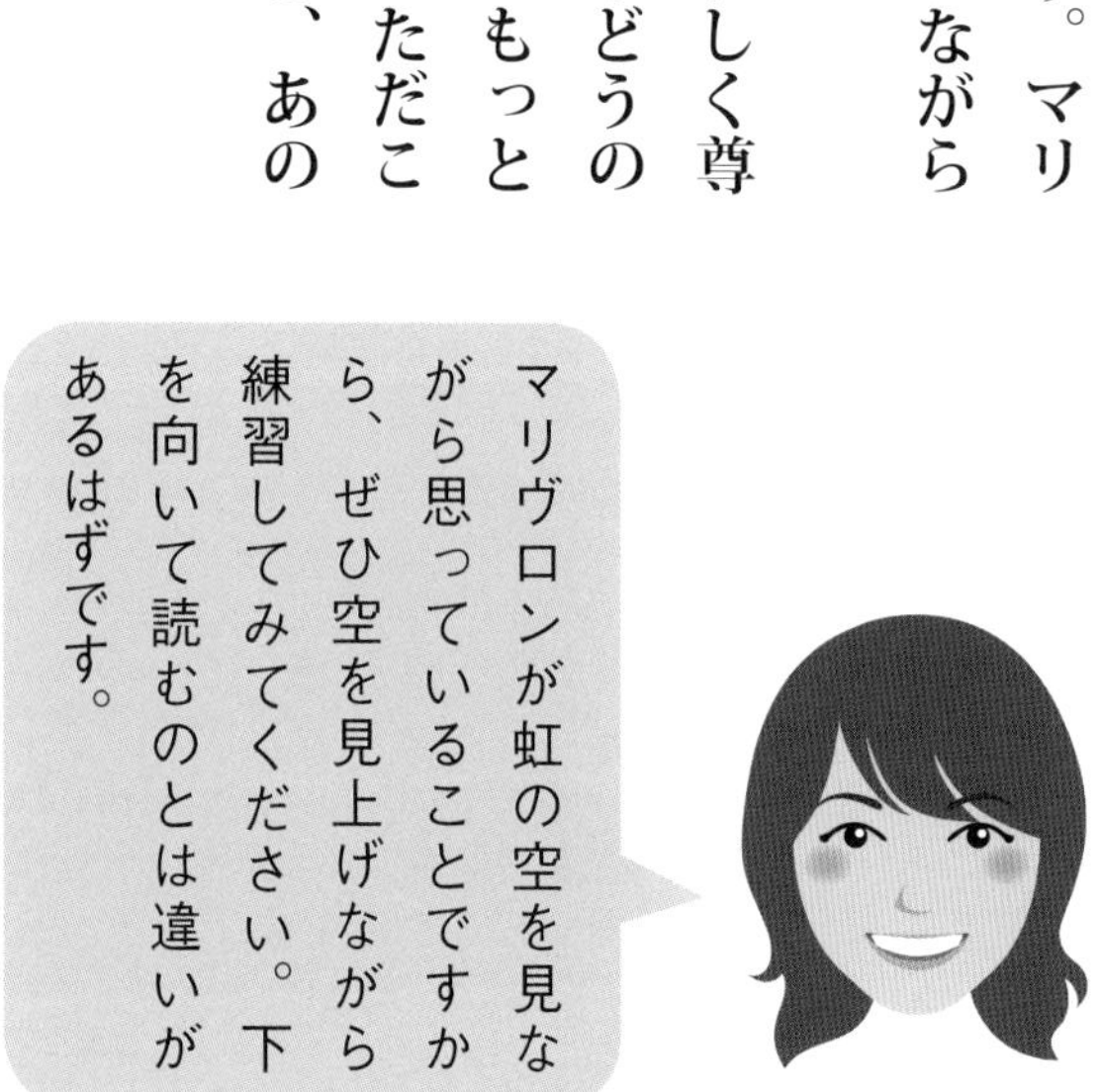
マリヴロンが虹の空を見ながら思っていることですから、ぜひ空を見上げながら練習してみてください。下を向いて読むのとは違いがあるはずです。

森鴎外『木精《こだま》』

群れを離れてやはりじいっとして聞いているフランツが顔にも喜びが閃《ひらめ》いた。それは木精の死なないことを知ったからである。

フランツは何と思ってか、そのまま踵《きびす》を旋《めぐ》らして、自分の住んでいる村の方へ帰った。

歩きながらフランツはこんな事を考えた。あの子供達はどこから来たのだろう。麓の方に新しい村が出来て、遠い国から海を渡って来た人達がそこに住んでいるということだ。あれはおおかたその村の子供達だろう。あれが呼ぶハルロオには木精が答える。自分のハルロオに答えないので、木精が死んだかと思ったのは、間違であった。木精は死なない。しかしもう自分は呼ぶことは廃《よ》そう。こん度呼んで見たら、答えるかも知れないが、もう廃そう。

闇《やみ》が次第に低い処から高い処へ昇って行って、山々の巓は最後の光を見せて、とうとう闇に包まれてしまった。村の家にちらほら燈火が附き始めた。

フランツが自分の成長を穏やかな気持ちで受け入れる、そんな場面です。心の中の声は地の文よりも柔らかく穏やかな気持ちで読むと良いですね。

Lesson 8

情景を思い浮かべながら読みましょう

このレッスンの目的

朗読は文字を読むトレーニングばかりをしてしまいがちですが、まずは内容を理解することが大切です。しっかりと自分の頭に情景を描きましょう。自分の頭に浮かべられない情景を聴き手に伝えることはできません。いかに物語を捉え表現するか、そして自分自身で演出できることが朗読の醍醐味です。

このレッスンでは、物語を読む時に、自分の頭にしっかり情景を描き、それを自分なりに表現するトレーニングをしましょう。

トレーニングのポイント

1 時代や場所を考える
2 登場人物の関係を考える
3 クライマックスはどこかを考える

1 時代や場所を考える

田丸雅智「おかえりのセリフ」

「ただいま！」

弾けんばかりの息子の声が聞こえてくると、私はすぐさまこう叫ぶ。

「ほら！　先に手洗いうがい、ちゃんとして！」

仕方なさそうな「はーい」という返事があって、やがて慌ただしい足音が駆けこんでくる。私は彼を笑顔で迎え、いつものセリフを口にする。

「はい、おかえりなさい」

そんな日々も、当時の石鹸のほのかな香りとセットになって、いまや懐かしい昔の話だ。様変わりした世の中ではドローンが飛び交い、近ごろでは月旅行を楽しむ人なんかもたくさんいる。けれど、あの習慣だけは変わらずに、ずっと我が家に残ったままだ。

「ただいま」

私が言うと、笑顔の青年がいつものセリフを口にする。いまではすっかり立場は逆だ。

「おかえり、母さん。ほら、手洗いうがい、ちゃんとした？」

この作品は、前半は懐かしい昔の様子、後半は何十年か経った現在の様子が書かれています。時代の変化を感じながら読むのはもちろんですが、ドローンが飛び交っている公園や月旅行を一瞬想像することで、家の中に居る親子の近さをより表現できるような気がします。時間の経過を、親子の台詞でしっかり伝えたいですね。

2

登場人物の関係を考える

宮沢賢治『虔十公園林』のこの抜粋は、虔十が自分の決意を家族に伝える場面です。家族は皆、虔十のことを想っていますので、それがセリフに現れると良いですね。特にお父さんのセリフは印象的に読みたいと思います。

宮沢賢治　『虔《けん》十《じゅう》公《こう》園《えん》林《りん》』

ある年、山がまだ雪でまっ白く野原には新らしい草も芽を出さない時、虔十はいきなり田打ちをしてゐた家の人達の前に走って来て云ひました。

ある年、山がまだ雪でまっ白く野原には新らしい草も芽を出さない時、虔十はいきなり田打ちをしてゐた家の人達の前に走って来て云ひました。

「お母《があ》、おらさ杉苗七百本、買って呉《け》ろ。」

虔十のおっかさんはきらきらの三本鍬《さんぼんぐは》を動かすのをやめてじっと虔十の顔を見て云ひました。

「杉苗七百ど、どごさ植ゑらぃ。」

「家のうしろの野原さ。」

そのとき虔十の兄さんが云ひました。

「虔十、あそごは杉植ゑでも成長《おが》らなぃ処《ところ》だ。それより少し田でも打って助《す》けろ。」

虔十はきまり悪さうにもぢもぢして下を向いてしまひました。

すると虔十のお父さんが向ふで汗を拭《ふ》きながらからからだを延ばして

「買ってやれ、買ってやれ。虔十ぁ今まで何一つだて頼んだごとぁ無ぃがったもの。買ってやれ。」と云ひましたので虔十のお母さんも安心したやうに笑ひました。

虔十はまるでよろこんですぐにまっすぐに家の方へ走りました。

3

クライマックスはどこかを考える

全文を読む場合のクライマックスは決めやすいのですが、抜粋朗読の場合は頭を悩ませてしまいます。小さなクライマックスを入れることができるような抜粋を心がけましょう。

新美南吉「手袋を買いに」

子狐は教えられた通り、トントンと戸を叩きました。

「今晩は」

すると、中では何かことこと音がしていましたがやがて、戸が一寸ほどゴロリとあいて、光の帯が道の白い雪の上に長く伸びました。

子狐はその光がまばゆかったので、めんくらって、まちがった方の手を、——お母さまが出しちゃいけないと言ってよく聞かせた方の手をすきまからさしこんでしまいました。

「このお手々にちょうどいい手袋下さい」

すると帽子屋さんは、おやおやと思いました。狐の手です。狐の手が手袋をくれと言うのです。

新美南吉『手袋を買いに』の抜粋です。「まちがった方の手を」をもう一度「——お母さまが出しちゃいけないと言ってよく聞かせた方の手を」と言い換えています。このクライマックスを大切に読みたいものです。「このお手々にちょうどいい手袋下さい」は、何も気づいていない子狐の無邪気さがでるといいですね。

No.18

夢野久作『ドグラ・マグラ』

自分を観察している文章は声の出し方で変化をつけ、心の中の声は戸惑いや不安を聴き手と共有できるよう抑えた表現にしています。「……夢ではない……たしかに夢では………。私は飛び上った。」がクライマックスになるように読んでみました。

私は少し頭を持ち上げて、自分の身体《からだ》を見廻わしてみた。
白い、新しいゴワゴワした木綿の着物が二枚重ねて着せてあって、短かいガーゼの帯が一本、胸高に結んである。そこから丸々と肥《ふと》って突き出ている四本の手足は、全体にドス黒く、垢だらけになっている……そのキタナラシサ……。

……いよいよおかしい……。
怖《こ》わ怖《ご》わ右手《めて》をあげて、自分の顔を撫《な》でまわしてみた。
……鼻が尖《と》んがって……眼が落ち窪《くぼ》んで……頭髪《あたま》が蓬々《ぼうぼう》と乱れて……顎《あご》
鬚《ひげ》がモジャモジャと延びて……。
……私はガバと跳ね起きた。
モウ一度、顔を撫でまわしてみた。
そこいらをキョロキョロと見廻わした。
……誰だろう……俺はコンナ人間を知らない……。
胸の動悸がみるみる高まった。早鐘を撞《つ》くように乱れ撃ち初めた……呼
吸が、それに連れて荒くなった。やがて死ぬかと思うほどどぎ喘《あえ》ぎ出した。
……かと思うと又、ヒッソリと静まって来た。

……こんな不思議なことがあろうか……。

……自分で自分を忘れてしまっている……。

……いくら考えても、どこの何者だか思い出せない。……

自分の過去の思い出としては、たった今聞いたブウ――ンンンというボンボン時計の音がタッター一つ、記憶に残っている。……ソレッ切りである……。

……それでいて気は慥《たし》かである。森閑《しんかん》とした暗黒が、部屋の外を取巻いて、どこまでもどこまでも続き広がっていることがハッキリと感じられる……。

……夢ではない……たしかに夢では…………。

私は飛び上った。

No.19

山本周五郎『季節のない街』「親おもい」

朗読記号付き

自分が家に隠していた貯金帳を、事故にあった兄さんが持っていたという場面。「振り向いた」という言葉をやや速く読んでいるのは、母が開き直ったことを表したかったからです。ふるえ声のセリフは抑えめに。母親のセリフがリアルであればあるほど、親子のすれ違う心が切なくなります。辰弥のひと言のセリフ「おっかさん」で、辰弥の衝撃を表したいと思います。辰弥の心の訴えも丁寧に読みたいと思います。母のセリフが長いため、プロミネンス、緩急には特に気をつけました。「一度でも」という同じ言葉の繰り返しにも変化をつけてみました。Lesson4で述べた【セリフの後の「と」の読み方】にも注目。この抜粋のクライマックスは最後の母のセリフにしてみました。

母がとつぜん身をおこして、辰弥のほうへ振向いた。それはまるで、辰弥の考えたことを、その耳で聞きつけたかのようであった。

「貯金帳はあたしが遣ったよ」と母はふるえ声で云った、「兄さんがあんなに困っているわけを話したのに、おまえは黙って出ていってしまった、血を分けたじつの兄さんが、よっぽど困ればこそ相談に来たんじゃないか」

辰弥は蒼《あお》くなり「おっかさん」と云った。院長は気まずそうに、眼をそむけながら出ていった。

「それなのにおまえは、話をよく聞こうともしなかった」と母は云い続けた。彼女の顔も蒼白《そうはく》になり眼尻《めじり》がつりあがるようにみえた、「自分はこそこそ貯金なんかしていたくせに、親のあたしにさえ隠して、自分だけは貯金なんかしていたじゃないか、おまえには親きょうだいより、貯金のほうが大事なんだろう」

（そうじゃないんだよ、あれは自分のためじゃない、おっかさんや弟たちといっしょに、もう少しましなところへ移りたかったんだ。それでも考え直して、あにきに遣ろうと思ってうちへ帰ったんだ。ぼくは自分だけのためなんて、考えたこともありゃあしないよ、）辰弥は心の中でそう訴えた。しかしそれは心の中のことで、口には一と言も出さなかった。

「兄さんがこんな姿になっても、貯金さえ無事ならおまえは本望だろう、え、そうなんだろう」母の声は半ば叫びになり、その眼から涙がこぼれ落ちた、

「兄さんはおまえのように薄情じゃなかった、伸弥は心のやさしい、

親おもいな子だった」母はベッドの上の、もの云わぬあにきを覗きこみ嗚咽《おえつ》しながら云った、「いつもあたしのことを気にかけて、おっかさんおっかさんって、そんなにこんを詰めると疲れるよ、肩を叩こうか、少しは休まなくっちゃ毒だよって、――こんなにあたしのことを心配してくれた子はなかった」そして母は辰弥のほうへ振向いた、「おまえなんか一度でもそんなことを云ってくれたためしがあるかい、一度でもあたしのことを心配してくれたことがあるかい、こそこそ隠れて貯金なんかするときに、一度でも親きょうだいのことを考えたことがあったかい」

辰弥は力なく、静かに、黙って頭を垂れた。

Lesson 9 距離を表現するトレーニングをしましょう

このレッスンの目的

本書で、私が一番お伝えしたいのは「ディスタンス」です。さまざまな距離がありますので、それを考えてみることで、さらに魅力的な朗読になるに違いありません。

このレッスンでは、登場人物のさまざまな距離感をつかむトレーニングをしましょう。

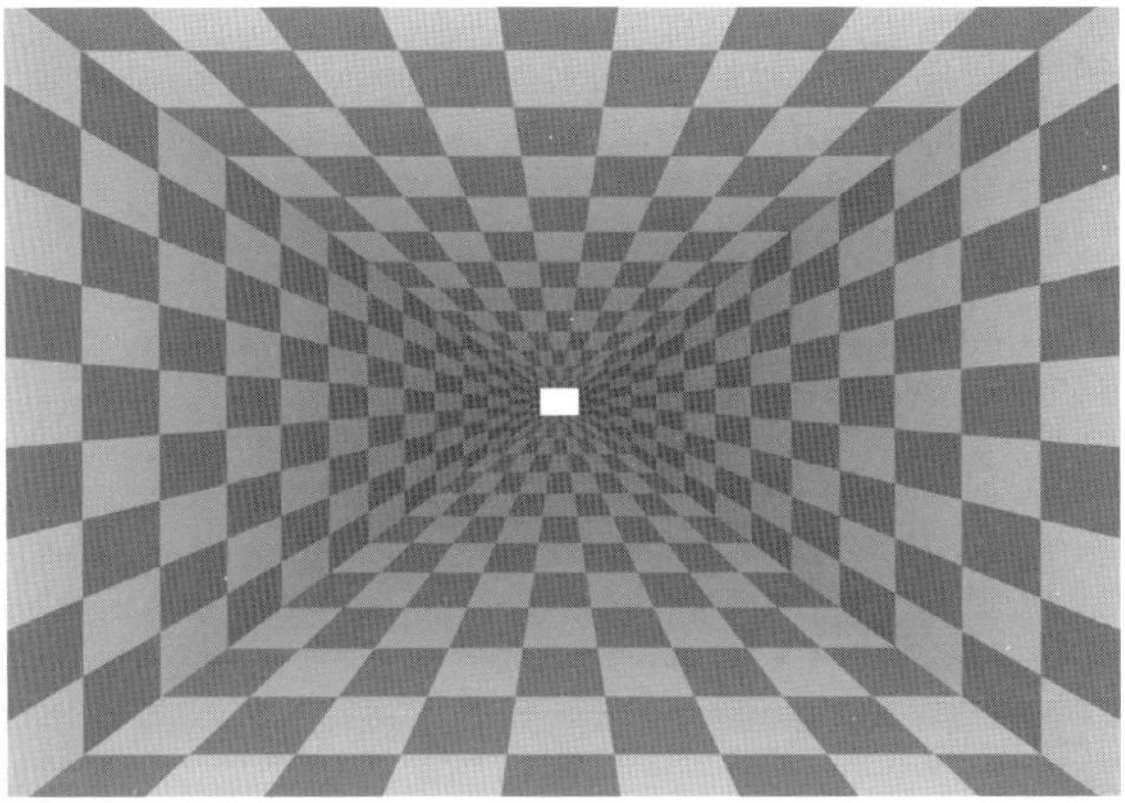

トレーニングのポイント

1 語り手の距離
（どの程度の距離をおいて地の文を語るのか）

2 登場人物と登場人物との距離

3 心の距離

1

語り手の距離（どの程度の距離をおいて地の文を語るのか）

No.20

芥川龍之介　『蜘蛛の糸』（冒頭）

ある日の事でございます。御釈迦様《おしゃかさま》は極楽の蓮池《はすいけ》のふちを、独りでぶらぶら御歩きになっていらっしゃいました。池の中に咲いている蓮《はす》の花は、みんな玉のようにまっ白で、そのまん中にある金色《きんいろ》の蕊《ずい》からは、何とも云えない好《よ》い匂《におい》が、絶間《たえま》なくあたりへ溢《あふ》れて居ります。極楽は丁度朝なのでございましょう。

冒頭は穏やかな場面です。お釈迦様の様子を遠くから眺めているように語ると良いでしょう。

2

登場人物と登場人物との距離

No.21

芥川龍之介『蜘蛛の糸』（中盤）

ところがふと気がつきますと、蜘蛛の糸の下の方には、数限《かずかぎり》もない罪人たちが、自分ののぼった後をつけて、まるで蟻《あり》の行列のように、やはり上へ上へ一心によじのぼって来るではございませんか。

犍陀多はこれを見ると、驚いたのと恐しいのとで、しばらくはただ、莫迦《ばか》のように大きな口を開《あ》いたまま、眼ばかり動かして居りました。自分一人でさえ断《き》れそうな、この細い蜘蛛の糸が、どうしてあれだけの人数《にんず》の重みに

中盤は【地獄に落ちた、欲望をむき出しにした人間達】を眺めています。心の動揺を表すには、主人公にぐっと近づいて語るところを作った方が面白くなります。「うようよと這い上ってくる罪人たち」はどのくらい下にいるのでしょうか？　それを想像して叫んでみましょう！

堪える事が出来ましょう。もし万一途中で断《き》れたと致しましたら、折角ここへまでのぼって来たこの肝腎《かんじん》な自分までも、元の地獄へ逆落《さかおと》しに落ちてしまわなければなりません。そんな事があったら、大変でございます。が、そう云う中にも、罪人たちは何百となく何千となく、まっ暗な血の池の底から、うようよと這《は》い上って、細く光っている蜘蛛の糸を、一列になりながら、せっせとのぼって参ります。今の中にどうかしなければ、糸はまん中から二つに断れて、落ちてしまうのに違いありません。

そこで犍陀多は大きな声を出して、「こら、罪人ども。この蜘蛛の糸は己《おれ》のものだぞ。お前たちは一体誰に尋《き》いて、のぼって来た。下りろ。下りろ。」と喚《わめ》きました。

その途端でございます。今まで何ともなかった蜘蛛の糸が、急に犍陀多のぶら下っている所から、ぷつりと音を立てて断《き》れました。ですから犍陀多もたまりません。あっと云う間《ま》もなく風を切って、独楽《こま》のようにくるくるまわりながら、見る見る中に暗の底へ、まっさかさまに落ちてしまいました。

小川未明

『赤い蝋燭と人魚』

「こんな人間並でない自分をも、よく育て可愛がって下すったご恩を忘れてはならない」と、娘はやさしい心に感じて、大きな黒い瞳をうるませたこともあります。

この話は遠くの村まで響きました。遠方の船乗りやまた、漁師は、神様にあがった絵を描いた蝋燭の燃えさしを手に入れたいものだというので、わざわざ遠い処をやって来ました。そして、蝋燭を買って、山に登り、お宮に参詣して、蝋燭に火をつけて捧げ、その燃えて短くなるのを待って、またそれを戴《いただ》いて帰りました。だから、夜となく、昼となく、山の上のお宮には、蝋燭の火の絶えたことはありません。殊に、夜は美しく燈火の光が海の上からも望まれたのであります。

「ほんとうに有りがたい神様だ」と、いう評判は世間に立ちました。それで、急にこの山が名高くなりました。

神様の評判はこのように高くなりましたけれど、誰も、蝋燭に一心を籠めて絵を描いている娘のことを思う者はなかったのです。従ってその娘を可哀そうに思った人はなかったのであります。

娘は、疲れて、折々は月のいい夜に、窓から頭を出して、遠い、北の青い青い海を恋しがって涙ぐんで眺めていることもありました。

娘の様子を読む時はぐっと娘に近づき、村の様子を読む時は第三者が遠くから眺めているようなイメージを持って読みたいと思います。近づくというのは、感情を入れるというのとも違うのですが、カメラが近づいたり引きで撮ったりするような感じです。

No.22

夏目漱石『三四郎』

朗読記号付き

三四郎は萩とすれすれに立った。よし子は椽から腰を上げた。足は平たい石の上にある。三四郎はいまさらその背の高いのに驚いた。

「おはいりなさい」

依然として三四郎を待ち設けたような言葉づかいである。三四郎は病院の当時を思い出した。萩を通り越して椽鼻《えんばな》まで来た。

やわらかく

「お掛けなさい」

三四郎は靴をはいている。命《めい》のごとく腰をかけた。よし子は座蒲団《ざぶとん》を取って来た。

「お敷きなさい」

「おはいりなさい」「お掛けなさい」「お敷きなさい」というところは、登場人物の実際の距離と関係性を想像して読んでみると面白くなります。「お掛けなさい」はわざと命じるように読み、「命のごとく」をプロミネンスしてみました。動作を表す地の文が多いため、「三四郎は病院の当時を思い出した」は柔らかく読んでいます。座布団を取ってきた後は近くにいるのですから、さらりと読んでみました。

【練習】距離を想像してセリフを言ってみましょう

・「おーい」50m 離れている

・「おい」10m

・「おい」1m

3

心の距離

遠い昔の薄れた記憶を思い出したり空想を語る時はぼんやり読んだり、今現実に起こっている身近な出来事を語る時はハッキリ読んだり、追い詰められている時は畳みかけるように読んだりなど、工夫をしてみましょう。（P89　夢野久作『ドグラ・マグラ』など）

夏目漱石　『門』

彼の頭の中をいろいろなものが流れた。そのあるものは明らかに眼に見えた。あるものはこんとん混沌として雲のごとくに動いた。どこから来てどこへ行くとも分らなかった。ただ先のものが消える、すぐ後《あと》から次のものが現われた。そうして仕切りなしにそれからそれへと続いた。頭の往来を通るものは、無限で無数で無尽蔵で、けっして宗助の命令によって、留まる事も休む事もなかった。断ち切ろうと思えば思うほど、滾々《こんこん》として湧《わ》いて出た。

宗助は怖《こわ》くなって、急に日常の我を呼び起して、室の中を眺《なが》めた。室は微《かす》かな灯《ひ》で薄暗く照らされていた。灰の中に立てた線香は、まだ半分ほどしか燃えていなかった。宗助は恐るべく時間の長いのに始めて気がついた。

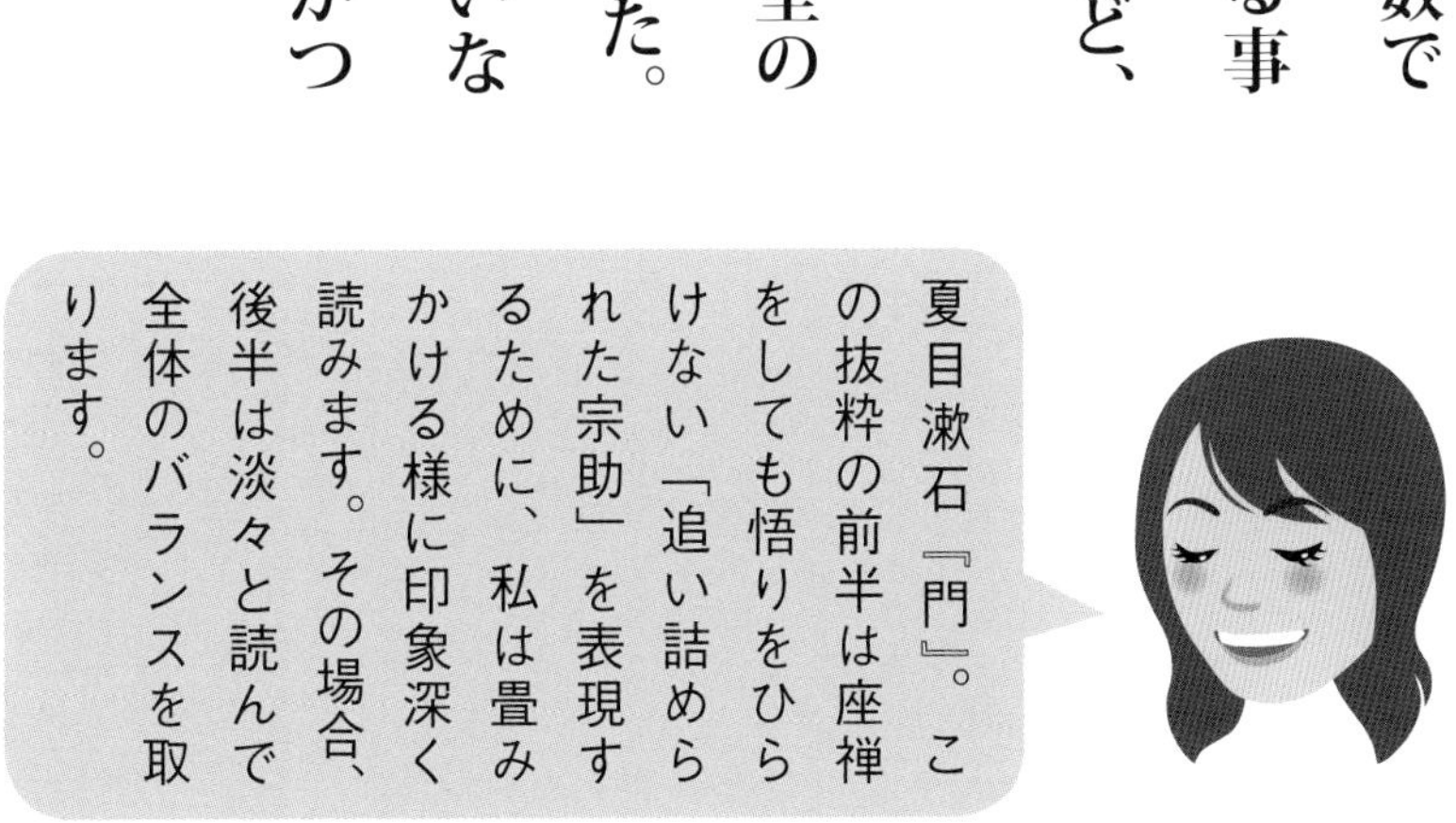
夏目漱石『門』。この抜粋の前半は座禅をしても悟りをひらけない「追い詰められた宗助」を表現するために、私は畳みかける様に印象深く読みます。その場合、後半は淡々と読んで全体のバランスを取ります。

Lesson 10
手紙に込められている想いを想像しながら読みましょう

このレッスンの目的

　手紙には、その一文字一文字に作者の想いが込められています。

「手紙を書いた人の気持ち」で読むのか、または「受け取った人の気持ち」で読むのかで読み方は違ってきます。

　このレッスンでは、時候の挨拶なのか、決心をして誰かに書いたものなのか、自分の気持ちを整理するために書いているのか・・・想像しながら丁寧に読むトレーニングをしましょう。

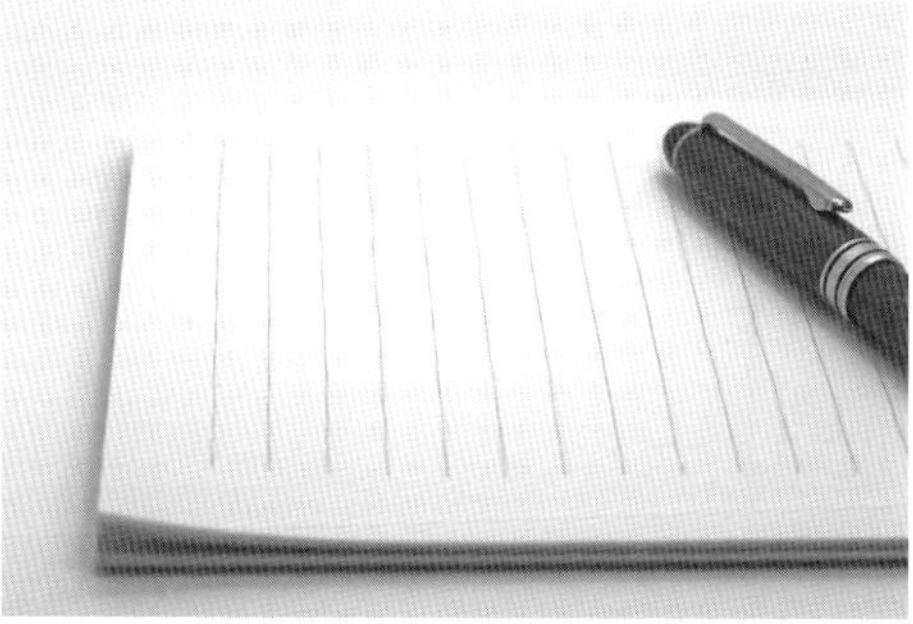

トレーニングのポイント

1 どんな想いなのかを考える
2 誰に向けた手紙なのかを考える
3 時には感情を入れて読む

1

どんな想いなのかを考える

堀辰雄『美しい村』

御無沙汰をいたしました。今月の初めから僕は当地に滞在しております。前からよく僕は、こんな初夏に、一度、この高原の村に来てみたいものだと言っていましたが、やっと今度、その宿望がかなった訣です。まだ誰も来ていないので、淋しいことはそりあ淋しいけれど、毎日、気持のよい朝夕を送っています。

小説家が女友達に、出すか出さないかわからない手紙を書いています。力を抜いて読んだ方が徒然な感じがでるかもしれませんね。

芥川龍之介 『アグニの神』

「遠藤サン。コノ家《うち》ノオ婆サンハ、恐シイ魔法使デス。時々真夜中ニ私《わたくし》ノ体へ、『アグニ』トイウ印度ノ神ヲ乗リ移ラセマス。私ハソノ神ガ乗リ移ッテイル間中、死ンダヨウニナッテイルノデス。デスカラドンナ事ガ起ルカ知リマセンガ、何デモオ婆サンノ話デハ、『アグニ』ノ神ガ私ノ口ヲ借リテ、イロイロ予言ヲスルノダソウデス。今夜モ十二時ニハオ婆サンガ又『アグニ』ノ神ヲ乗リ移ラセマス。イツモダト私ハ知ラズ知ラズ、気ガ遠クナッテシマウノデスガ、今夜ハソウナラナイ内ニ、ワザト魔法ニカカッタ真似《まね》ヲシマス。ソウシテ私ヲオ父様ノ所へ返サナイト『アグニ』ノ神ガオ婆サンノ命ヲトルト言ッテヤリマス。オ婆サンハ何ヨリモ『アグニ』ノ神ガ怖《こわ》イノデスカラ、ソレヲ聞ケバキット私ヲ返スダロウト思イマス。ドウカ明日《あした》ノ朝モウ一度、オ婆サンノ所へ来テ下サイ。コノ計略ノ外《ほか》ニハオ婆サンノ手カラ、逃ゲ出スミチハアリマセン。サヨウナラ」

魔法使いのお婆さんに捕まっている妙子が、お婆さんに見つからないように書いた手紙です。淡々と読みますか？　それとも、声を潜めて読みますか？　ここで気をつけたいことは、女の子の声色ばかり気にせず、妙子の置かれた状況を伝えることが大切。

誰に向けた手紙なのかを考える

No.23

有島武郎『小さき者へ』

朗読記号付き

お前たちが大きくなって、一人前の人間に育ち上った時、その時までお前たちのパパは生きているかいないか、それは分らない事だが父の書き残したものを繰《くり》拡《ひろ》げて見る機会があるだろうと思う。その時この小さな書き物もお前たち

妻を亡くした有島武郎が幼い我が子へ書いた手紙です。親の深い愛情が伝わるといいですね。

の眼の前に現われ出るだろう。時はどんどん移って行く。お前たちの父なる私がその時お前たちにどう映《うつ》るか、それは想像も出来ない事だ。恐らく私が今ここで、過ぎ去ろうとする時代を嗤《わら》い憐《あわ》れんでいるように、お前たちも私の古臭い心持を嗤い憐れむのかも知れない。私はお前たちの為《た》めにそうあらんことを祈っている。お前たちは遠慮なく私を踏台にして、高い遠い所に私を乗り越えて進まなければ間違っているのだ。然しながらお前たちをどんなに深く愛したものがこの世にいるか、或はいたかという事実は、永久にお前たちに必要なものだと私は思うのだ。

No.24

出久根達郎『漱石センセと私』

より江は、こわごわ先を読んだ。
「私、どうかしていたのね。明け方、ふっと目がさめたら、赤ちゃんの泣き声が聞こえるのよ。それが、いつまでも泣きやまない。一体、どこの赤ちゃんだろう？

漱石の妻・鏡子さんが自殺未遂の後、久保より江へ出した手紙です。私は鏡子さんになりきり、後半にいくにつれ気持ちが高ぶっていく様子を表現してみました。もちろん、より江が手紙を読んでいるように、言葉を噛み締めながら感情を入れずに読むのも良いでしょう。私の解釈で、タイトルの「私」は主人公・より江のことですので「わたし」と読み、この抜粋の「私」は鏡子さんですので「わたくし」と読みました。

ふらふらと起き上がって、雨戸を開けたら、いやだ、この家の軒下の方で聞こえるじゃない？三ヵ月ばかり前に移ってきた家は二階家で、私とセンセは二階で寝ていたの。

私は下りていって耳をすましました。すると、外で泣いているじゃないの。捨て子かしら。まさかねえ、と思いながら、下駄をつっかけて、戸外に出た。家の前は、白川という川が流れている。赤ちゃんの泣き声は岸辺からする。はっ、と胸騒ぎがして、私は小走りに岸に向かった。するとど、どうでしょう、赤ちゃんの声は川でするのよ。声の方に目をやったら、なんと川のまん中辺を、白い揺り籠が流れていくじゃありませんか。泣き声はその揺り籠から響くの。

その時、私は誰かの声を、確かに耳にしたのね。あれは去年、突然、行方不明になったあなたのお子様ですよって。早く捕まえないと、二度と会えなくなりますよ。あ、はい。捕まえます。私は川に入った。揺り籠は、見るまに流れていく。私は叫んだ。赤ちゃんの名を呼んだ。呼んだつもりだったけど、声にならなかった。赤ちゃんの名が出なかったの。出ないのも当然、だって、名前をつける前に、私の赤ちゃんは行方知れずになったのですから。名無しの赤ちゃんですもの。

待って。待ってちょうだい。誰か、私の赤ちゃんを引き止めてください。行ってしまう。

センセに申し訳が立たない。私は死ぬ。死んで、センセにおわびする。

著者　葉月のりこ（はづき　のりこ）

朗読家。朗読講師。一般社団法人 日本朗読検定協会認定教室 プチプラージュ主宰。同協会企画部部長・エルダープロフェッサー・朗読検定上級検定員・読み聞かせ検定員・読み聞かせ講師。元日本航空株式会社客室乗務員。

アイドルグループ「さくら学院」公開授業『朗読の授業』ステージ出演、J-WAVE 今市隆二氏（三代目 J SOUL BROTHERS）『SPARK』ラジオ出演、その他、朗読コンテストの審査員や、学校・企業で朗読講師を務める。朝日新聞東京本社 読者ホールにて『健康寿命を延ばす鍵は発声とコミュニケーションにあり！朗読活用法』セミナー講師。

奈良県大芸術祭・障害者大芸術祭『フォーラム・NARA』、赤間神宮『耳なし芳一琵琶供養祭』、『夏目漱石記念年・グランドフィナーレ』などの式典にも出演。企画・演出・脚本を手掛けた篠笛奏者 佐藤和哉氏との『かなでる×かたる』は平成 29 年度文化庁芸術祭参加公演。ほか舞台出演多数。

メイツ出版『CD 付き プロが教える 朗読 心に届く語りのコツ 50』監修。


【STAFF】
■編集　有限会社イー・プランニング
■本文デザイン　小山弘子
■イラスト　田渕愛子ほか
■協力
本書掲載にご協力いただいた作者・作品・出版社等
・田丸雅智『ショートショートガーデン』より「おかえりのセリフ」
・田丸雅智『季節配達人』より「伊賀の栗」（田丸舎）
・堀真潮　『抱卵』より「抱卵」（キノブックス）
・秋山真太郎　『一年で、一番君に遠い日。』より「風をさがしてる」（キノブックス）
・出久根達郎　『漱石センセと私』（潮出版社）

※本書に付属の CD は、図書館およびそれに準ずる施設に限り、本書とともに貸し出すことを許諾します。

CD 付き　プロが教える　朗読上達トレーニング
心に届く表現力向上メソッド

2021 年 4 月 30 日　　第 1 版・第 1 刷発行

著　者　葉月　のりこ（はづき　のりこ）
発行者　株式会社メイツユニバーサルコンテンツ
　　　　代表者　三渡　治
　　　　〒 102-0093 東京都千代田区平河町一丁目 1-8
印　刷　株式会社厚徳社

◎『メイツ出版』は当社の商標です。

ご意見・ご感想はホームページから承っております。
ウェブサイト　https://www.mates-publishing.co.jp/

編集長：折居かおる　副編集長：堀明研斗　企画担当：堀明研斗